我国交通运输管理体制改革

○○○○○○

姜彩良　主　编
龚露阳　副主编

人民交通出版社股份有限公司
北　京

内 容 提 要

本书按运输方式不同分为六篇，分别是铁路篇、公路篇、水路篇、民航篇、邮政篇和管道篇，每篇又分为我国管理体制改革情况和国外的管理体制现状及经验启示。对铁路、公路、水路、民航、邮政、管道等几种运输方式的行政管理体制改革历程进行梳理，同时系统总结了国外相关国家的管理经验和启示。

图书在版编目(CIP)数据

我国交通运输管理体制改革/姜彩良主编. —北京：人民交通出版社股份有限公司，2020.12

ISBN 978-7-114-16921-2

Ⅰ.①我… Ⅱ.①姜… Ⅲ.①交通运输业—管理体制—体制改革—研究—中国 Ⅳ.①F512.1

中国版本图书馆 CIP 数据核字(2020)第 214003 号

Woguo Jiaotong Yunshu Guanli Tizhi Gaige

书　　名：我国交通运输管理体制改革
著 作 者：姜彩良
责任编辑：刘　博　薛　亮
责任校对：刘　芹
责任印制：刘高彤
出版发行：人民交通出版社股份有限公司
地　　址：(100011)北京市朝阳区安定门外外馆斜街 3 号
网　　址：http://www.ccpcl.com.cn
销售电话：(010)59757973
总 经 销：人民交通出版社股份有限公司发行部
经　　销：各地新华书店
印　　刷：北京交通印务有限公司
开　　本：787×1092　1/16
印　　张：10.75
字　　数：176 千
版　　次：2020 年 12 月　第 1 版
印　　次：2020 年 12 月　第 1 次印刷
书　　号：ISBN 978-7-114-16921-2
定　　价：60.00 元

编写人员名单

主　编： 姜彩良

副主编： 龚露阳

编　委：（按姓氏笔画排序）

石　琼　孙可朝　陈　硕　尚晋平

庞清阁　袁　瑜　贾　皓

序言

PREFACE

党的十九大报告明确提出交通强国战略,《交通强国建设纲要》明确提出要建立健全适应综合交通一体化发展的体制机制。交通运输管理体制对交通运输可持续健康发展,具有至关重要的作用。新中国成立以来,尤其是改革开放以来,我国交通运输管理体制经历了多次改革,初步形成了涵盖铁路、公路、水路、民航、邮政以及管道的综合交通运输管理体制,有力地促进了综合交通运输的发展。本书旨在通过梳理我国和国外交通运输管理体制改革的历程,理清交通运输管理体制改革的脉络,为读者呈现交通运输管理体制改革的"画卷",也为今后的改革提供参考借鉴。

本书较为系统地总结了国内外交通运输管理体制改革的历程和现状,由交通运输部科学研究院综合运输研究中心组织编写。本书按照运输方式和行业进行划分,第一次将管道运输作为一种独立运输方式梳理其管理体制。全书共分七章:第一章是宏观背景,全面分析了改革开放以来,我国经济和行政管理体制改革的历程,描绘了我国交通运输管理体制改革的时代背景和特征。第二章是铁路管理体制改革,系统梳理了国内外铁路管理体制改革的历程和现状,分析了瑞典、美国、日本等国的经验启示。第三章是公路管理体制改革,系统梳理了国内外公路管理体制改革的历程和现状,分析了美国、日本、英国等国的经验。第四章是水路管理体制改革,系统梳理了国内外水路管理体制改革的历程和现状,分析了美国、德国、日本等国的经验。第五章是民航管理体制改革,系统梳理了国内外民航管理体制改革的历程和现状,分析了美国、英国、日本、欧盟等国家和地区的经验。第六章是邮政管理体制改革，系统梳理了国内外邮政管理体制改革的历程和现状，分析了美国、日本、德国等国的经验。第七章是管道管理体制改革，系统梳理了国内外管道管理体制的历程和现状，分析了美国、俄罗斯、欧盟等国家和地区的经验。

本书由姜彩良负责拟订思路框架并组织编写，龚露阳负责协助统稿。铁路部分由龚露阳、庞清阁、贾皓负责撰写；公路部分由袁瑜负责撰写；水路部分由孙可朝、陈硕负责撰写；民航部分由尚晋平负责撰写；邮政部分由石琼负责撰写；管道部分由龚露阳负责撰写。编写素材主要来源于交通运输部相关司局开展的管理体制调研、文史档案以及相关期刊文献资料。

由于编写时间较短、编者水平有限，不详细、不准确之处颇多，希望广大读者批评指正。

交通运输部科学研究院院长：石宝林

2020 年 4 月

目录

CONTENTS

第一章

宏观背景

第一节　经济体制改革

1978 年 12 月,中共十一届三中全会作出了实行改革开放的重大决策,以此为标志,掀开了中国经济体制改革的序幕。从十一届三中全会至今,中国经济体制改革走过了 40 多年的历程,可以分为以下几个阶段。

一　第一阶段(1978—1984 年)

第一阶段是改革的启动阶段,从 1978 年 12 月到 1984 年 10 月。这一阶段的中国,虽然也存在少量的市场调节,但总体上还是以计划经济为主导的体制,改革的目标就是要改革传统的计划经济体制。从体制转轨这个角度分析,就是摆脱传统计划经济体制的束缚,探索一种全新的体制模式。

这一阶段,改革的主战场是在农村。以安徽省凤阳县小岗村农民率先实行包产到户为标志,在整个农村掀起了农村体制改革的浪潮,也就是实行家庭联产承包责任制。到 1983 年底,全国包产到户的覆盖面达到 95%。在农村改革的同时,城市里的工商企业也进行了一些改革试点,即扩大企业自主权。

二　第二阶段(1984—1992 年)

第二阶段是改革的展开阶段,从 1984 年 10 月到 1992 年 10 月。以 1984 年 10 月作为划线的标志,是因为召开了中共十二届三中全会,通过了《关于经济体制改革的决定》。第一次明确地指出,中国的社会主义经济不是计划经济,而是有计划的商品经济。这是一个相当大的突破,是对马克思主义政治经济学的一个重大发展。

当时,由于有计划的商品经济的提法不够鲜明,比较折衷,还保留“有计划”这样的字眼,因此在后来的实践中,就有不同的理解和执行方案。有人认为,有计划的商品经济,它的落脚点是商品经济,应该按照商品经济的本质和规律来推进经济体制改革。也有人认为,有计划的商品经济,前提是有计划,应该按照有计划的思路来推进改革。

后来,到1987年中共十三大通过的报告进一步提出:“国家调节市场,市场引导企业”,虽然还没有明确提出市场经济,但此时市场的色彩更加浓重一些。

三 第三阶段(1992—2002年)

第三阶段是构建社会主义市场经济体制框架的阶段,从1992年10月到2002年10月。1992年的春天,邓小平同志发表了著名的南方谈话,针对长期以来流行的“计划经济姓‘社’,市场经济姓‘资’”的传统观念,明确地指出,计划经济不等于社会主义,资本主义也有计划,市场经济不等于资本主义,社会主义也有市场。这在当时具有重大突破意义。在此推动下,1992年10月召开的中共十四大,第一次把社会主义市场经济确立为中国经济体制改革的目标模式。1993年中共十四届三中全会通过的《关于建立社会主义市场经济体制的决定》,对于如何按照社会主义市场经济体制的目标来进行改革作了全面的战略部署,提出了8个方面的改革内容,即企业改革、市场体系建设、宏观调控体系建设、收入分配和社会保障改革、农村改革、对外开放和科技体制改革,此外还有法制建设。这8个方面可以归纳为“八柱”,支撑着整个社会主义市场经济体制的大厦。

第三阶段持续了10年时间,也就是20世纪90年代的大部分时间和进入新世纪后的前两年。这一阶段的改革力度较大,向纵深发展的势头也比较强劲。尤其是中共十五大之后,在国有企业改革、市场体系建设等方面,取得了一些明显的进展。

四 第四阶段(2002—2012年)

第四阶段是完善社会主义市场经济体制的阶段,从2002年10月至2012年10月。2002年10月中共十六大指出,社会主义市场经济体制框架已经基本确立,下一步主要是如何完善的问题。中共十六届三中全会《关于完善社会主义市场经济体制若干问题的决定》,指出了下一步如何进一步深化改革,使中国的社会主义市场经济体制逐步完善和定型。

这一阶段,围绕新的改革重点,开始着力推进政府行政管理体制改革,探索建立公共财政体制,注重加大财政在义务教育、公共卫生和基本医疗、基本社会保障等基本公共服务领域的支出力度。在改革的过程中,也出现了一些争议,主要集中在3个问题:一是中国这场经济体制改革,方向和道路是不是正确?二是对前一段改革的功绩和成效怎么评估?三是下一步改革怎么做?是停顿、倒退?还是进一步向纵深发展?

针对这些争议,2007年中共十七大作了明确的结论:"改革开放作为一场新的伟大革命,不可能一帆风顺,也不可能一蹴而就。最根本的是,改革开放符合党心民心、顺应时代潮流,方向和道路是完全正确的,成效和功绩不容否定,停顿和倒退没有出路。"这是对中国改革开放30年历程的高度概括和总结。

五 第五阶段(2012年至今)

第五阶段是经济体制改革全面发力、多点突破的阶段,从2012年10月至今,今后还要延续一段时间。

党的十八大以来,经济体制改革更加注重从人民群众关注的焦点、经济社会发展的难点中寻找经济体制改革的切入点。这一阶段,我国围绕完善和发展中国特色社会主义制度、推进国家治理体系和治理能力现代化这个总目标,大力推进经济体制各项改革。改革的内容主要包括持续深化"放管服"改革、系统推进国企国资改革、深化财税体制改革、稳步推进金融体制改革、加快新型城镇化和农业农村改革、构建开放型经济新体制、建立健全创新驱动发展体制机制、深入推进社会民生改革、全面推进生态文明体制改革等方方面面。

这一阶段,经济体制改革作为全面深化改革的重点,部署全、力度大、效果好,在重点领域和关键环节改革取得新进展、新突破。短短几年时间,推出如此之多的改革举措,形成社会主义市场经济体制逐步完善的总体效应,有力促进和保障了经济社会持续健康发展,也为下一步持续深化改革创造了良好条件。

第二节 行政管理体制改革

改革开放以来,我国先后进行了8次集中的行政管理体制改革,分别实施于1982年、1988年、1993年、1998年、2003年、2008年、2013年和2018年。这8次改革,紧紧围绕党和国家在当时阶段的工作大局,抓住影响经济社会发展的突出矛盾和问题,适时对体制机制进行变革和调整,从而使行政管理体制不断适应并推动经济社会的快速、持续、健康发展。

一 1982年改革

1978年12月召开的党的十一届三中全会,把全党工作的重点转移到以经济建设为中心。这时,政府机构与工作重点转移不相适应的问题相当突出,主要表现在机构和人员过多,领导干部"四化"程度不高,部门职责不清、运转不灵、工作效率低下。1982年1月,中央政治局召开会议,讨论中央机构精简问题。邓小平同志在会上指出,精简机构是一场革命,是对体制的革命。随后召开的五届全国人大常委会第二十二次会议审议通过了《关于国务院机构改革的决议》,改革开放后的第一次行政管理体制改革拉开序幕。

这次国务院机构改革的重点是:适应工作重点转移,提高政府工作效率。首先,减少副总理人数,设置了国务委员职位,由总理、副总理、国务委员和秘书长组成国务院常务会议。其次,精简调整机构,将98个部、委、直属机构和办事机构裁减,合并为52个,同时撤销了大量临时性机构。改革中,重组了国家经济委员会;进一步加强了国家计委的工作;成立了国家经济体制改革委员会,负责经济体制改革的总体研究和设计。再次,精简领导班子,紧缩编制。按照干部"四化"方针,减少部分副职,推进新老干部更替。国务院各部门机关工作人员由49万多人核减为32万人。最后,废除实际存在的领导干部职务终身制，实行干部离退休制度。

国务院部门机构改革完成后，进行了地方政府机构改革，重点是调整和加强各级领导核心，精简庞大臃肿的机构，选拔大批优秀中青年干部，轮训在职干部，克服官僚主义，提高工作效能。同时，积极试行地、市合并，实行市管县体制；改变农村人民公社"政社合一"体制，设立乡政府；实行老干部离退休制度等。

二 1988 年改革

1982 年改革形成的新的行政管理体制运行 5 年后，1987 年 10 月召开的党的十三大提出了政府机构改革新的任务。1988 年，中央政治局讨论通过了《关于党中央、国务院机构改革方案的报告》。同年 3 月，七届全国人大一次会议审议通过了《国务院机构改革方案》，明确提出改革的任务是进一步转变职能，理顺关系，精简机构和人员，提高行政效率，逐步建立符合现代化管理要求的具有中国特色的功能齐全、结构合理、运转协调、灵活高效的行政管理体制。

这次改革首次提出必须抓住转变职能这个关键，紧密地与经济体制改革相结合；按照经济体制改革和政企分开的要求，合并裁减专业管理部门和综合部门内设专业机构；从机构设置的科学性和整体性出发，适当加强决策咨询和调节、监督、审计、信息部门，转变综合部门的工作方式，提高政府对宏观经济活动的调控能力；贯彻精简、统一、效能原则，清理整顿行政公司，撤销因人设事的机构，裁减人浮于事的部门和人员；为了巩固机构改革的成果，并使行政管理走上法制化道路，提出用法律手段控制机构设置和人员编制。改革中，撤销或整合涉及的国务院机构包括计委、经委、机械委、电子部、航天部、石油部、煤炭部、水电部、核工业部、城建部、劳动人事部等 12 个部委。改革后，设置国务院部委 41 个，直属机构 19 个；将一部分业务比较接近的直属机构划归有关部委归口管理，称之为部委归口管理的国家局，共设置 15 个；设置办事机构 7 个、非常设机构 44 个。由于 1982 年国务院机构改革实行"定编不定员"政策，造成大量人员超编，这次改革主要不是减少编制，而是分流 1982 年改革遗留下来的机关超编人员。通过职能调整和人员划转，国务院各部门在原实有 5 万余人的基础上，减少了 1 万余人。改革中第一次实行定职能、定机构、定编制的"三定"工作。

此后,经国务院批准,1989年确定了河北和哈尔滨、武汉、青岛、深圳等地市作为省和计划单列市机构改革试点;卓资、藁城、原平、滑县、华容、上虞、定西、宝安等9个县,作为县级机构改革的试点。以后又确定在湖北、陕西、内蒙古进行省(自治区)各级地方政府机构改革试点。

三 1993年改革

1992年10月召开的党的十四大明确提出了建立社会主义市场经济体制的目标,要求建立适应社会主义市场经济需要的组织机构。围绕这一目标,1993年3月,十四届二中全会讨论通过了机构改革方案。这是第一次在中央全会上讨论通过机构改革方案。随后,八届人大一次会议审议通过了《国务院机构改革方案》。

改革的主要内容:一是转变职能,坚持政企分开。要求把属于企业的权力下放给企业,把应该由企业解决的问题交由企业自己去解决,减少具体审批事务和对企业的直接管理,做到宏观管好,微观放开。要求国家计委、财政部、人民银行以及新组建的国家经贸委等综合经济部门,把工作重点真正转到搞好宏观管理上来,集中精力搞好国民经济发展战略、发展规划和经济总量平衡,制定产业政策,培育与发展市场,有效调控社会经济活动。明确专业经济部门的职能主要是规划、协调、服务和监督,大力转变职能,简政放权,推动企业进入市场。二是理顺关系。要求理顺国务院部门之间,尤其是综合经济部门之间以及综合经济部门与专业经济部门之间的关系,合理划分职责权限,避免交叉重复。理顺中央与地方关系,合理划分管理权限,充分发挥中央与地方两个积极性,使地方在中央方针政策的指导下因地制宜地发展本地区经济和各项社会事业。三是精简机构编制。对专业经济部门,一类改为经济实体,不再承担政府行政管理职能;一类改为行业总会,作为国务院的直属事业单位,保留行业管理职能;还有一类是保留或新设的行政部门,这些部门的机构也要精简。对国务院直属机构、办事机构,除保留的外,一部分改为部委管理的国家局,一部分并入部委,成为部委内设的职能司局。经过改革,国务院设置组成部门41个(含国务院办公厅),直属机构13个,办事机构5个,共59个工作部门,另设置非常设机构26个。四是规范机构类别。明确原由部委归口管理的15个国家局不再作为国务院直属机构,而是部委管理的国家局,作为一个机构类别,并进一步规范了国家局与主管部委的关系。

从1993年开始,地方政府机构改革在全国展开。地方政府机构改革以转变政府职能为关键,加强宏观管理职能,弱化微观管理职能;坚持政企分开,切实落实企业的经营自主权,促进企业经营机制的转换;较大幅度地精简了机构和人员,特别是大幅度精简专业经济管理部门。改革中,对全国地方政府的机构编制进行了核定。一方面依据各地经济发展水平、人口、面积等情况,将全国的市、县、乡镇划分为不同类别,重新核定编制数;另一方面对地方党政机构设置做出了具体规定,规定了必设机构和机构限额。

四 1998年改革

这是改革开放以来机构变动最大、人员精简最多、改革力度最大的一次机构改革。随着经济体制改革不断深入,市场配置资源的基础性作用日益增强。1997年9月召开的党的十五大,再次提出了进行机构改革的要求。十五届二中全会审议通过的《国务院机构改革方案》认为,过去虽然进行过多次机构改革,取得了一定进展,但由于历史条件限制和宏观环境制约,很多问题未能得到根本性的解决,机构设置同社会主义市场经济发展需要之间的矛盾日益突出,改革势在必行,不改革没有出路。九届全国人大一次会议审议批准了《国务院机构改革方案》,提出建立办事高效、运转协调、行为规范的行政管理体系,完善国家公务员制度,建设高素质的专业化行政管理体制。

改革的主要内容:一是转变职能。明确政府宏观调控部门的主要职能是保持经济总量平衡,抑制通货膨胀,优化经济结构,实现经济持续快速健康发展;专业经济管理部门的主要职能是制定行业规划和政策,进行行业管理,引导本行业产品结构的调整,维护行业平等竞争秩序。二是调整部门分工。按照权责一致的原则,在部门之间划转了100多项职能,相同或相近的职能尽可能交由一个部门承担,过去长期存在而没有解决的职能交叉、多头管理、政出多门、权责不清等问题有了很大改进。三是精简机构编制。主要是大力精简工业经济部门,将煤炭、冶金、机械等9个工业部先改成国家经贸委管理的国家局,2000年底全部撤销。同时将电子部与邮电部合并组成信息产业部,将广播电影电视部改组为广播电影电视总局、国家体委改组成国家体育总局,列为国家直属机构。经过改革,国务院组成部门设置29个,直属机构设置17个，办事机构设置5个，加上国务院办公厅，共计52个。此外，还设有部委管理的国家局19个。与此同时，对各部门的内设机构和人员编制都作了较大幅度的调整和精简。

1999年以后，省级党委和政府的机构改革分别展开；2000年底，市县乡机构改革开始启动。

五 2003年改革

随着改革开放和社会主义现代化建设事业的不断推进，行政管理体制又出现了一些与新形势不相适应的突出矛盾和问题，需要通过改革加以解决。2002年11月召开的党的十六大提出了深化行政管理体制改革的任务，2003年2月召开的党的十六届二中全会审议通过了《关于深化行政管理体制和机构改革的意见》，随后十届全国人大一次会议审议通过了《国务院机构改革方案》。

这次改革重在解决行政管理体制中存在的一些突出矛盾和问题，为促进改革开放和现代化建设提供组织保障。改革的主要内容：一是深化国有资产管理体制改革，将国家经贸委指导国有企业改革和管理的职能、中央企业工委的职能以及财政部有关国有资产管理的部分职能等整合起来，设立了国务院国有资产监督管理委员会，作为国务院直属特设机构，由国务院授权代表国家履行出资人职责。二是完善宏观调控体系。将国家发展计划委员会改组为国家发展和改革委员会。三是健全金融监管体制，设立中国银行业监督管理委员会，负责拟定有关银行业监管的政策法规，负责市场准入与运行监督，依法查处违法违规行为等。四是继续推进流通管理体制改革，组建商务部，主管国内外贸易和国际经济合作等。五是加强食品安全和安全生产监管体制建设，在国家药品监督管理局的基础上，组建国家食品药品监督管理局，作为国务院直属机构，将原国家经贸委管理的国家安全生产监督管理局改为国务院直属机构。六是为加强人口发展战略研究，推动人口与计划生育工作的综合协调，将国家计划生育委员会更名为国家人口与计划生育委员会。

这次改革继续强调要进一步转变政府职能，要求按照政企分开原则，结合国有资产管理体制改革，政府部门不再承担直接管理国有企业的职能；按照权责一致原则，进一步理顺部门职责关系，根据责任赋予相应的权力；继续推进行政审批制度改革,明确审批范围,减少审批事项,规范审批行为;规范中央和地方的职能权限,正确处理中央垂直管理部门和地方政府的关系;探索完善综合行政执法工作,加强行政执法队伍组织建设;按照发挥行业自律机制作用和完善社会自我管理的要求,规范和发展行业协会、咨询组织、鉴定机构等社会中介组织和专业服务组织;按照依法行政的要求,进一步改革政府管理方式,规范行政行为,推进电子政务,提高行政效率。

国务院机构改革完成后,进行了地方政府机构改革。地方政府机构改革的特点,一是对口设置省级国有资产管理机构。二是有关机构调整和职能整合不强调上下对口。除国有资产管理机构的设置外,一些地区从本地实际出发,因地制宜对其他有关机构进行调整和职能的整合。三是严格控制机构和编制,做到机构、编制、领导职数"三个不突破"。

六 2008 年改革

经过 30 年改革开放和快速发展,我国已进入全面建成小康社会新的发展阶段。面对新形势、新任务,2007 年 10 月召开的党的十七大,明确提出了要加快推进行政管理体制改革、抓紧制定行政管理体制改革总体方案的要求。2008 年 2 月召开的党的十七届二中全会,讨论通过了《关于深化行政管理体制改革的意见》和《国务院机构改革方案》。十一届全国人大一次会议审议通过的《国务院机构改革方案》明确提出:这次国务院机构改革的主要任务是,围绕转变政府职能和理顺部门职责关系,探索实行职能有机统一的大部门体制,合理配置宏观调控部门职能,加强能源环境管理机构,整合完善工业和信息化、交通运输行业管理体制。

改革的主要内容:一是合理配置国家发改委、财政部、中国人民银行等宏观调控部门职能,建立健全协调配合机制,形成科学权威高效的宏观调控体系。二是设立高层次的议事协调机构——国家能源委员会,负责拟订并组织实施能源行业规划、产业政策和标准,发展新能源,促进能源节约等。国家能源委员会办公室的工作由国家能源局承担。三是组建工业和信息化部,负责拟订并组织实施工业行业规划、产业政策和标准,检测工业行业日常运行,推动重大技术装备发展和自主创新,管理通信业,指导推进信息化建设,协调维护国家信息安全等,同时组建国家国防科技工业局,由工业和信息化部管理。四是组建交通运输部,承担涉及综合运输体系的规划协调工作,促进各种运输方式相互衔接等。同时,组建国家民用航空局,由交通运输部管理。国家邮政局改由交通运输部管理。五是组建人力资源和社会保障部,将人事部、劳动和社会保障部的职能整合划入该部。同时组建国家公务员局,由人力资源和社会保障部管理。六是组建环境保护部,拟定并组织实施环境保护规划、政策和标准,协调解决重大环境问题等。七是组建住房和城乡建设部,加快建立住房保障体系,加强城乡建设统筹。八是国家食品药品监督管理局改由卫生部管理,明确卫生部承担食品安全综合协调、组织查处食品安全重大事故的责任。理顺食品药品监管体制。经过改革,除国务院办公厅外,国务院组成部门 27 个,直属特设机构 1 个,直属机构 16 个,办事机构 4 个,直属事业单位 14 个。

这次国务院机构改革,是在以往改革基础上的继续和深化,突出了 3 个重点:一是加强和改善宏观调控,促进科学发展;二是着眼于保障和改善民生,加强社会管理和公共服务;三是按照探索职能有机统一的大部门体制要求,对一些职能相同或相近的部门进行整合,实行综合设置,理顺部门职责关系。这次改革从促进经济社会又好又快发展的需要出发,着眼于解决一些长期存在的突出矛盾和问题,在转变职能、理顺关系、明确和强化责任等方面迈出了重要步伐,取得明显成效,为今后的改革奠定了坚实基础。

国务院机构改革完成阶段性任务后,中央印发了《关于地方政府机构改革的意见》,明确地方政府机构改革的主要任务是:着力转变政府职能,理顺职责关系,明确和强化责任,调整优化组织结构,规范机构设置,完善管理体制,严格控制机构编制。中央要求,深化地方政府机构改革要把维护人民群众的根本利益作为改革的出发点和落脚点,着力解决制约地方经济社会发展的突出矛盾,着力解决人民群众最关心、最直接、最现实的利益问题,建设人民满意的政府。

七 2013 年改革

改革开放以来第七次机构改革,是备受瞩目的一次重大系统性改革举措,推进了政府由“全能型”向“服务型”的转变。2012 年 11 月召开的党的十八大,明确提出了要深化国务院机构改革和职能转变,按照建立中国特色社会主义行政体制目标的要求,以职能转变为核心,继续简政放权,推进机构改革,完善制度机制,提高行政效能,加快完善社会主义市场经济体制,为全面建成小康社会提供制度保障。2013 年 2 月召开的党的十八届二中全会，讨论通过了《国务院机构改革和职能转变方案》。2013 年 3 月，十二届全国人大一次会议审议通过的《国务院机构改革和职能转变方案》明确提出：这次国务院机构改革的重点是，围绕转变职能和理顺职责关系，稳步推进大部门制改革，实行铁路政企分开，整合加强卫生和计划生育、食品药品、新闻出版和广播电影电视、海洋、能源管理机构。

改革的主要内容：一是实行铁路政企分开，将铁道部拟定铁路发展规划和政策的行政职责划入交通运输部。交通运输部统筹规划铁路、公路、水路、民航发展，加快推进综合交通运输体系建设。组建国家铁路局，由交通运输部管理，承担铁道部的其他行政职责，负责拟定铁路技术标准，监督管理铁路安全生产、运输服务质量和铁路工程质量等。组建中国铁路总公司，承担铁道部的企业职责，负责铁路运输统一调度指挥，经营铁路客货运输业务，承担专运、特运任务，负责铁路建设，承担铁路安全生产主体责任等。不再保留铁道部。二是将卫生部的职责、国家人口和计划生育委员会的计划生育管理和服务职责整合，组建国家卫生和计划生育委员会。主要职责是，统筹规划医疗卫生和计划生育服务资源配置，组织制定国家基本药物制度，拟订计划生育政策，监督管理公共卫生和医疗服务，负责计划生育管理和服务工作等。将国家人口和计划生育委员会的研究拟订人口发展战略、规划及人口政策职责划入国家发展和改革委员会。国家中医药管理局由国家卫生和计划生育委员会管理。不再保留卫生部、国家人口和计划生育委员会。三是将国务院食品安全委员会办公室的职责、国家食品药品监督管理局的职责、国家质量监督检验检疫总局的生产环节食品安全监督管理职责、国家工商行政管理总局的流通环节食品安全监督管理职责整合，组建国家食品药品监督管理总局。主要职责是，对生产、流通、消费环节的食品安全和药品的安全性、有效性实施统一监督管理等。将工商行政管理、质量技术监督部门相应的食品安全监督管理队伍和检验检测机构，划转食品药品监督管理部门。保留国务院食品安全委员会，具体工作由国家食品药品监督管理总局承担。国家食品药品监督管理总局加挂国务院食品安全委员会办公室牌子。新组建的国家卫生和计划生育委员会负责食品安全风险评估和食品安全标准制定。农业部负责农产品质量安全监督管理。将商务部的生猪定点屠宰监督管理职责划入农业部。不再保留国家食品药品监督管理局和单设的国务院食品安全委员会办公室。四是将国家新闻出版总署、国家广播电影电视总局的职责整合,组建国家新闻出版广电总局。主要职责是,统筹规划新闻出版广播电影电视事业及产业发展,监督管理新闻出版广播影视机构和业务以及出版物、广播影视节目的内容和质量,负责著作权管理等。国家新闻出版广电总局加挂国家版权局牌子。不再保留国家广播电影电视总局、国家新闻出版总署。五是将原国家海洋局及其中国海监、公安部边防海警、农业部中国渔政、海关总署海上缉私警察的队伍和职责整合,重新组建国家海洋局,由国土资源部管理。主要职责是,拟订海洋发展规划,实施海上维权执法,监督管理海域使用、海洋环境保护等。国家海洋局以中国海警局名义开展海上维权执法,接受公安部业务指导。设立高层次议事协调机构国家海洋委员会,负责研究制定国家海洋发展战略,统筹协调海洋重大事项。国家海洋委员会的具体工作由国家海洋局承担。六是将原国家能源局、国家电力监管委员会的职责整合,重新组建国家能源局,由国家发展和改革委员会管理。主要职责是,拟订并组织实施能源发展战略、规划和政策,研究提出能源体制改革建议,负责能源监督管理等。不再保留国家电力监管委员会。这次改革,国务院正部级机构减少 4 个,其中组成部门减少 2 个,副部级机构增减相抵数量不变。改革后,除国务院办公厅外,国务院设置组成部门 25 个。

此次改革,打出了机构改革与职能转变同步进行的组合拳,将政府职能转变视为深化行政体制改革的核心,将重点放在处理好政府与市场、政府与社会、中央与地方的关系上,深化行政审批制度改革,减少微观事务管理,该取消的取消、该下放的下放、该整合的整合,以充分发挥市场在资源配置中的基础性作用,更好发挥社会力量在管理社会事务中的作用,充分发挥中央和地方两个积极性,同时该加强的加强,改善和加强宏观管理,注重完善制度机制,加快形成权界清晰、分工合理、权责一致、运转高效、法治保障的国务院机构职能体系,真正做到该管的管住管好,不该管的不管不干预,切实提高政府管理科学化水平。

八 2018 年改革

党的十九届三中全会审议通过了《中共中央关于深化党和国家机构改革的决定》和《深化党和国家机构改革方案》,此次改革覆盖党政机关,以加强党的全面领导为统领,以国家治理体系和治理能力现代化为导向,以推进党和国家机构职能优化协同高效为着力点。

改革的主要内容:

(一)深化党中央机构改革

一是组建国家监察委员会。将监察部、国家预防腐败局的职责,最高人民检察院查处贪污贿赂、失职渎职以及预防职务犯罪等反腐败相关职责整合,组建国家监察委员会,同中央纪律检查委员会合署办公,履行纪检、监察两项职责,实行一套工作机构、两个机关名称。二是组建中央全面依法治国委员会。负责全面依法治国的顶层设计、总体布局、统筹协调、整体推进、督促落实,作为党中央决策议事协调机构。三是组建中央审计委员会。为加强党中央对审计工作的领导,构建集中统一、全面覆盖、权威高效的审计监督体系,更好地发挥审计监督作用,组建中央审计委员会,作为党中央决策议事协调机构。四是中央全面深化改革领导小组、中央网络安全和信息化领导小组、中央财经领导小组、中央外事工作领导小组改为委员会。将中央全面深化改革领导小组、中央网络安全和信息化领导小组、中央财经领导小组、中央外事工作领导小组分别改为中央全面深化改革委员会、中央网络安全和信息化委员会、中央财经委员会、中央外事工作委员会,负责相关领域重大工作的顶层设计、总体布局、统筹协调、整体推进、督促落实。五是组建中央教育工作领导小组。作为党中央决策议事协调机构。六是组建中央和国家机关工作委员会。将中央直属机关工作委员会和中央国家机关工作委员会的职责整合,组建中央和国家机关工作委员会,作为党中央派出机构。七是组建新的中央党校(国家行政学院)。将中央党校和国家行政学院的职责整合,组建新的中央党校(国家行政学院),实行一个机构两块牌子,作为党中央直属事业单位。八是组建中央党史和文献研究院。将中央党史研究室、中央文献研究室、中央编译局的职责整合,组建中央党史和文献研究院,作为党中央直属事业单位。中央党史和文献研究院对外保留中央编译局牌子。九是中央组织部统一管理中央机构编制委员会办公室。调整优化中央机构编制委员会领导体制,作为党中央决策议事协调机构,统筹负责党和国家机构职能编制工作。十是中央组织部统一管理公务员工作。将国家公务员局并入中央组织部。中央组织部对外保留国家公务员局牌子。十一是中央宣传部统一管理新闻出版工作。将国家新闻出版广电总局的新闻出版管理职责划入中央宣传部。中央宣传部对外加挂国家新闻出版署(国家版权局)牌子。十二是中央宣传部统一管理电影工作。将国家新闻出版广电总局的电影管理职责划入中央宣传部。中央宣传部对外加挂国家电影局牌子。十三是中央统战部统一领导国家民族事务委员会。将国家民族事务委员会归口中央统战部领导。国家民族事务委员会仍作为国务院组成部门。十四是中央统战部统一管理宗教工作。将国家宗教事务局并入中央统战部。中央统战部对外保留国家宗教事务局牌子。十五是中央统战部统一管理侨务工作。将国务院侨务办公室并入中央统战部。中央统战部对外保留国务院侨务办公室牌子。十六是优化中央网络安全和信息化委员会办公室职责。将国家计算机网络与信息安全管理中心由工业和信息化部管理调整为由中央网络安全和信息化委员会办公室管理。十七是不再设立中央维护海洋权益工作领导小组。有关职责交由中央外事工作委员会及其办公室承担,在中央外事工作委员会办公室内设维护海洋权益工作办公室。十八是不再设立中央社会治安综合治理委员会及其办公室。有关职责交由中央政法委员会承担。十九是不再设立中央维护稳定工作领导小组及其办公室。有关职责交由中央政法委员会承担。二十是将中央防范和处理邪教问题领导小组及其办公室职责划归中央政法委员会、公安部。

(二)深化国务院机构改革

此次国务院机构改革着眼于转变政府职能,坚决破除制约使市场在资源配置中起决定性作用、更好发挥政府作用的体制机制弊端,围绕推动高质量发展,建设现代化经济体系,加强和完善政府经济调节、市场监管、社会管理、公共服务、生态环境保护职能,结合新的时代条件和实践要求,着力推进重点领域、关键环节的机构职能优化和调整,构建起职责明确、依法行政的政府治理体系,增强政府公信力和执行力。

一是组建自然资源部。将国土资源部的职责,国家发展和改革委员会的组织编制主体功能区规划职责,住房和城乡建设部的城乡规划管理职责,水利部的水资源调查和确权登记管理职责,农业部的草原资源调查和确权登记管理职责,国家林业局的森林、湿地等资源调查和确权登记管理职责,国家海洋局的职责,国家测绘地理信息局的职责整合,组建自然资源部。二是组建生态环境部。将环境保护部的职责,国家发展和改革委员会的应对气候变化和减排职责,国土资源部的监督防止地下水污染职责,水利部的编制水功能区划、排污口设置管理、流域水环境保护职责,农业部的监督指导农业面源污染治理职责，国家海洋局的海洋环境保护职责，国务院南水北调工程建设委员会办公室的南水北调工程项目区环境保护职责整合，组建生态环境部。三是组建农业农村部。将中央农村工作领导小组办公室的职责，农业部的职责，以及国家发展和改革委员会的农业投资项目、财政部的农业综合开发项目、国土资源部的农田整治项目、水利部的农田水利建设项目等管理职责整合，组建农业农村部。四是组建文化和旅游部。将文化部、国家旅游局的职责整合，组建文化和旅游部。五是组建国家卫生健康委员会。将国家卫生和计划生育委员会、国务院深化医药卫生体制改革领导小组办公室、全国老龄工作委员会办公室的职责，工业和信息化部的牵头《烟草控制框架公约》履约工作职责，国家安全生产监督管理总局的职业安全健康监督管理职责整合，组建国家卫生健康委员会。六是组建退役军人事务部。将民政部的退役军人优抚安置职责，人力资源和社会保障部的军官转业安置职责，以及中央军委政治工作部、后勤保障部有关职责整合，组建退役军人事务部。七是组建应急管理部。将国家安全生产监督管理总局的职责，国务院办公厅的应急管理职责，公安部的消防管理职责，民政部的救灾职责，国土资源部的地质灾害防治、水利部的水旱灾害防治、农业部的草原防火、国家林业局的森林防火相关职责，中国地震局的震灾应急救援职责以及国家防汛抗旱总指挥部、国家减灾委员会、国务院抗震救灾指挥部、国家森林防火指挥部的职责整合，组建应急管理部。八是重新组建科学技术部。将科学技术部、国家外国专家局的职责整合，重新组建科学技术部，作为国务院组成部门。九是重新组建司法部。将司法部和国务院法制办公室的职责整合，重新组建司法部，作为国务院组成部门。十是优化审计署职责。将国家发展和改革委员会的重大项目稽察、财政部的中央预算执行情况和其他财政收支情况的监督检查、国务院国有资产监督管理委员会的国有企业领导干部经济责任审计和国有重点大型企业监事会的职责划入审计署，相应对派出审计监督力量进行整合优化。十一是组建国家市场监督管理总局。将国家工商行政管理总局的职责，国家质量监督检验检疫总局的职责，国家食品药品监督管理总局的职责，国家发展和改革委员会的价格监督检查与反垄断执法职责，商务部的经营者集中反垄断执法以及国务院反垄断委员会办公室等职责整合，组建国家市场监督管理总局。十二是组建国家广播电视总局。在国家新闻出版广电总局广播电视管理职责的基础上组建国家广播电视总局，作为国务院直属机构。十三是组建中央广播电视总台。整合中央电视台(中国国际电视台)、中央人民广播电台、中国国际广播电台,组建中央广播电视总台,作为国务院直属事业单位,归口中央宣传部领导。十四是组建中国银行保险监督管理委员会。将中国银行业监督管理委员会和中国保险监督管理委员会的职责整合,组建中国银行保险监督管理委员会。十五是组建国家国际发展合作署。将商务部对外援助工作有关职责、外交部对外援助协调等职责整合,组建国家国际发展合作署。十六是组建国家医疗保障局。将人力资源和社会保障部的城镇职工和城镇居民基本医疗保险、生育保险职责,国家卫生和计划生育委员会的新型农村合作医疗职责,国家发展和改革委员会的药品和医疗服务价格管理职责,民政部的医疗救助职责整合,组建国家医疗保障局。十七是组建国家粮食和物资储备局。将国家粮食局的职责,国家发展和改革委员会的组织实施国家战略物资收储、轮换和管理,管理国家粮食、棉花和食糖储备等职责,以及民政部、商务部、国家能源局等部门的组织实施国家战略和应急储备物资收储、轮换和日常管理职责整合,组建国家粮食和物资储备局,由国家发展和改革委员会管理。十八是组建国家移民管理局。将公安部的出入境管理、边防检查职责整合,建立健全签证管理协调机制,组建国家移民管理局,加挂中华人民共和国出入境管理局牌子,由公安部管理。十九是组建国家林业和草原局。将国家林业局的职责,农业部的草原监督管理职责,以及国土资源部、住房和城乡建设部、水利部、农业部、国家海洋局等部门的自然保护区、风景名胜区、自然遗产、地质公园等管理职责整合,组建国家林业和草原局,由自然资源部管理。二十是重新组建国家知识产权局。将国家知识产权局的职责、国家工商行政管理总局的商标管理职责、国家质量监督检验检疫总局的原产地地理标志管理职责整合,重新组建国家知识产权局,由国家市场监督管理总局管理。二十一是国务院三峡工程建设委员会及其办公室、国务院南水北调工程建设委员会及其办公室并入水利部。二十二是调整全国社会保障基金理事会隶属关系。将全国社会保障基金理事会由国务院管理调整为由财政部管理,承担基金安全和保值增值的主体责任。二十三是改革国税地税征管体制。将省级和省级以下国税地税机构合并。

(三)深化全国人大机构改革

一是组建全国人大社会建设委员会。整合全国人大内务司法委员会、财政经济委员会、教育科学文化卫生委员会的相关职责,组建全国人大社会建设委员会，作为全国人大专门委员会。二是全国人大内务司法委员会更名为全国人大监察和司法委员会。三是全国人大法律委员会更名为全国人大宪法和法律委员会。

（四）深化全国政协机构改革

一是组建全国政协农业和农村委员会。将全国政协经济委员会联系农业界和研究“三农”问题等职责，调整到全国政协农业和农村委员会。二是全国政协文史和学习委员会更名为全国政协文化文史和学习委员会。三是全国政协教科文卫体委员会更名为全国政协教科卫体委员会。

（五）深化行政执法体制改革

一是整合组建市场监管综合执法队伍。整合工商、质检、食品、药品、物价、商标、专利等执法职责和队伍，组建市场监管综合执法队伍。由国家市场监督管理总局指导。二是整合组建生态环境保护综合执法队伍。整合环境保护和国土、农业、水利、海洋等部门相关污染防治和生态保护执法职责、队伍，统一实行生态环境保护执法。由生态环境部指导。三是整合组建文化市场综合执法队伍。将旅游市场执法职责和队伍整合划入文化市场综合执法队伍，统一行使文化、文物、出版、广播电视、电影、旅游市场行政执法职责。由文化和旅游部指导。四是整合组建交通运输综合执法队伍。整合交通运输系统内路政、运政等涉及交通运输的执法职责、队伍，实行统一执法。由交通运输部指导。五是整合组建农业综合执法队伍。将农业系统内兽医兽药、生猪屠宰、种子、化肥、农药、农机、农产品质量等执法队伍整合，实行统一执法。由农业农村部指导。

第二章 铁路管理体制改革

第一节 我国铁路行业管理体制改革历程

中国铁路发展改革主要有3个阶段。第一个阶段是1949年至改革开放前,铁路主要实行集中统一管理,政企合一;第二个阶段是改革开放后至2008年铁道部撤并前,主要是铁路经营市场化改革和内部改革时期;第三个阶段是2008年至今,铁路政企分开,综合交通发展时期。

一 第一阶段:集中统一管理时期(1949—1978年)

1948年,在东北设有东北行政委员会铁道部,在北方则设有华北人民政府交通铁道处。

1949年1月10日,成立中国人民革命军事委员会铁道部,统一全国各解放区铁路的修建、管理和运输,调滕代远任军事委员会铁道部部长。1949年1月28日,在石家庄召开全国解放区铁道工作会议,正式组建中国人民革命军事委员会铁道部,并于2月20日由石家庄移至北平办公。

1949年4月,又任命吕正操、武竞天为副部长。同年10月,任命石志仁为副部长。

1949年5月30日,以第四野战军铁道纵队为基础组成中国人民解放军铁道兵团,属中国人民解放军正式系统,归铁道部部长直接领导,滕代远部长兼任铁道兵团司令员,吕正操兼任副司令员。同时,吕正操副部长还兼任护路运输司令部护运司令,指挥护路武装,保障军运安全。

1949年10月1日,中华人民共和国成立以后,军委铁道部改归中央人民政府政务院领导。

1949年11月1日,改名为"中央人民政府铁道部"。

1955年1月,中央人民政府政务院改称国务院,铁道部也随之改称"中华人民共和国铁道部",受国务院领导。

1967 年 5 月 31 日，中共中央、国务院、中央军委、中央文化革命小组决定，成立军事管制委员会（简称“军管会”）；1967 年 6 月 1 日，军管会正式进驻铁道部。

1968 年 8 月 17 日，铁道部成立革命委员会。

1970 年 6 月，铁交（邮）合并为交通部。

1970 年 7 月 1 日，交通部成立革命委员会。

1973 年 3 月 6 日，国务院决定交通部所属邮政部分划出，成立邮电部。

1975 年 1 月 17 日，全国人大四届会议决定将原交通部划分为铁道部和交通部，同时任命万里同志为铁道部部长，邓存伦为副部长，同年 1 月 27 日起，两部分开办公。1975 年 1 月 30 日，正式成立铁道部，即日起启用“中华人民共和国铁道部”印章。

1979 年，铁路系统扩权改革，邓小平于 1978 年 11 月 13 日在中共中央工作会议上作了题为《解放思想，实事求是，团结一致向前看》的重要讲话，其中着重谈到，应该有计划地大胆下放，否则不利于充分发挥国家、地方、企业和劳动者个人 4 个方面的积极性。在这一精神的指导下，放权与扩权也成为这一时期改革的主流，铁路扩权是国家经济改革全局的一个组成部分。

在全国改革的大背景下，铁路也进行了以扩权为先导的管理体制改革。1979 年，上海铁路局在全路率先进行改革探索，最初在上海车辆段进行扩大企业自主权的试点，逐渐推广到全局。1981 年，铁道部对上海铁路局等 11 个部属企业进行了“扩权让利”试点。1982 年 4 月，铁道部对全路所有企业下放了涉及计划、财务、物资、机构设置、劳动工资、干部任免等 17 项权限。

1984 年 5 月，国务院颁发了《关于进一步扩大国营工业企业自主权的暂行规定》，规定扩大企业 10 项自主权：生产经营计划权、产品销售权、产品价格权、物资采购权、资金使用权、生产处置权、机构设置权、人事劳动权、资金使用权、联合经营权。在这一政策大背景下，1984 年 6 月，铁道部再次下放 36 项权限，两次向下扩权共计 53 项。

二 第二阶段：市场化改革和内部改革时期（1978—2012 年）

1980 年，铁路系统承包经济责任制改革。上海局在全局范围内进行与“扩权”相结合的经济责任制探索，建立了路局、分局、站段三级经济责任制;局内将路局对铁道部承担的责任、路局运营的目标和有关各项工作,按责、权、利结合的原则层层分解,由分局、站段层层承包,一直包到岗位和个人,将承包经济责任制推广应用于全路。

1983 年底,铁道兵集体转业并入铁道部。

1986 年起,铁路系统内部实施“大包干”改革。为了加快铁路发展,铁道部从 1986 年开始,对国家实行一包 5 年投入产出、以路建路和以路养路的全面经济承包责任制,即大包干。铁路保证完成国家规定的指令性指标,包客货运输任务,包煤炭等主要物资运输,以自身创造的积累包铁路基础建设。在承包上述任务的前提下,国家给予铁路一些优惠政策,包括大幅度降低运输企业营业税率,豁免铁路建设“拨改贷”本息,运输企业实行换算吨公里工资含量包干,施工企业实行百元产值工资含量包干,合资铁路和有亏损的新线实行地方运价、特殊运价等。“大包干”实质是国家与铁路间以合同方式规范双方责、权、利的一种制度性安排。在实际执行中,由于种种条件限制和谨慎起见,铁路内部的“大包干”并未一步到位。1986 年、1987 年两年,路内经济承包制改革实行“微调”方针,只承包当年,即在现有清算单价的基础上包下去,小步渐进,力求初战必胜,在加强调研的基础上,再推行全路的进一步改革。1988—1990 年,即“七五”计划后 3 年,全路系统推行全面承包形式。但此时恰逢我国经济转轨物价失控上涨的第一个高峰时期,面对日益恶劣的外部环境,铁路系统以自身的努力,无法化解物价上涨对利润的剧烈侵蚀,过度高物价对相对低运价的不对称市场存在,迅速突破“大包干”的预期承包范围,铁路简单再生产和扩大再生产的形势严峻。同时,由于外部环境变化过大,国家给予铁路系统的若干优惠政策实际已大打折扣,铁路系统“大包干”改革困难重重。1991 年,铁路系统根据国家“八五”计划的总体要求,继续实行“投入产出总承包”,各铁路局在“七五”计划承包方案的基础上,继续进行适当调整,实行滚动承包。但在“大包干”改革下,铁路系统面临的深层次问题并未得到真正解决。

大包干将铁路的改造与发展同自身经营效果联为一体,通过自主经营,自负盈亏,实现自我发展。由此形成的新机制,调动了企业和职工的积极性,运输生产持续上升,经济效益不断提高。“七五”期间国家由铁路系统利润提供的建设资金超过“六五”期间国家投资,机车车辆工业蓬勃发展。大包干前,企业基本上是政府行政链条上被动的一环,生产经营随时受上级指挥和干预,生存和发展也由上级包办。大包干以契约形式,界定上级和企业在一定时期内的责、权、利关系，大大减少了日常干预，使企业行为和政府行为在既定范围内得到规范，为下一步深化改革奠定了基础。

1992 年起，铁路系统开始市场化改革。在党的十四大和十四届三中全会之后，确定了社会主义市场经济体制改革的目标和基本原则，转换国有企业经营机制，建立现代企业制度，转变政府职能，建立健全宏观经济调控体系。在社会主义市场经济体制建立的大背景下，我国铁路系统开始走向市场的战略性转变。1992 年 12 月 31 日，铁道部、国家体改委、国务院经贸办正式印发了《铁路企业转换经营机制实施办法》，重点在于尽可能扩大和落实铁路企业的经营自主权，明确规定："企业经营权，是指企业对国家授予经营管理的财产享有占有、使用和依法处分的权利。"1993 年，我国铁路体制改革步伐加快，铁道部召开全路领导干部工作会议，部长韩杼滨作了《深入贯彻十四大精神，加快改革开放步伐，为实现铁路大发展而努力奋斗》的报告，第一次将"发挥市场配置运力资源的基础作用"和"确立运输企业的市场主体地位"，作为我国铁路实行市场化战略转变的两大目标原则。

1996 年起，铁路系统资产经营责任制改革。1995 年 4 月，国家经贸委和劳动部联合印发了《国有企业资产经营责任制暂行办法》，指出国有企业和国有独资公司都要实施资产经营责任制，铁路行业也开始推行。1996 年，铁道部为进一步推动政企职责分开，结合铁路建立现代企业制度试点工作，与中国铁路机车车辆工业总公司签订了《"九五"期间资产经营责任书》。1997 年，铁道部与广铁集团公司签订了资产经营责任书。1998 年，铁道部与其工业、工程、建筑、物资、通号 5 个总公司签订了《1998—2000 年资产经营责任书》，对柳州、南昌、呼和浩特和昆明 4 个直管站段的铁路局实行"资产经营责任制"试点改革。1998 年末，铁道部正式发布《铁路局资产经营责任制实施办法》，对铁路运输企业实施资产经营责任制。铁路资产经营责任制从确立铁路企业市场主体地位出发，重新界定了政企管理边界，对铁路企业明确下放了 12 项经营自主权，包括自主编制年度运输生产计划、管内运输经营权、财务收支计划权、大修支出自主权、设备更新改造自主权、购置机车客车自主权、闲置资产处置权、投资抵押担保权、工资分配权、劳动用工权、机构设置权、物资采购权。资产经营责任制给予地方一定的自主经营权限，这在当时起到了一定作用，各路局经营情况明显好转。

资产经营责任制对推动铁路系统政企分开、加快现代企业制度建设、提高铁路系统国有资产经营效益具有重要意义。铁道部机关从微观管理到宏观管理、从生产经营的具体管理向国有资产管理和监督转变,克服了计划经济年代政府用行政命令直接指挥企业生产所带来的弊病,初步理顺了铁道部与铁路企业的关系。从而确立了铁路局的市场主体和法人实体地位,理顺了企业的产权关系,明确了企业的责、权、利,激发了企业加强经营管理的内在动力,把铁路系统国有资产的保值增值责任落到了实处。铁路企业为了实现国有资产保值增值的考核目标,充分行使各项经营权利,将经营对象由单一的运输产品扩大到市场需要的各种产品和劳务;将经营方式由单纯的实物形态的产品产供销,拓展到价值形态的资本营运、资产重组以及契约规定权限范围内的产权流动与交易,使资本在流动中实现增值,尽可能盘活存量资产,优化配置资源,最大限度地发挥资产的效能;将经营管理由生产经营管理扩展到资产经营管理,以追求资产保值增值为目标,加强成本核算,控制投入,加大产出,力求经济效益最大化。

1998 年,铁道部在各地路局组建客运公司,试行"网运分离"模式改革。实际情况却是客运公司成立后,各地铁路局亏损愈发严重,主要原因是虽然客运公司独立出来,但运输调度权仍在铁道部手中,在运力吃紧的时候,铁道部将货运能力释放而限制了客运能力,货运盈利而客运不盈利,亏损越来越大。另一方面,由于铁路系统内机构冗杂、各部门利益纠缠不清,客运公司的成立加剧了各路局内部矛盾,引发了利益争斗,客运公司和车站为争夺客源和票价优势,严重影响了正常运输秩序。改革宣告失败。

2000 年,铁路系统实行主辅业分离改革。铁道部对辅业进行大规模剥离,原由铁道部直接管理的铁路机车车辆工业总公司、工程总公司、建筑总公司、通信信号总公司、中土公司等 5 个非运输企业和 10 所高等院校与铁道部脱钩。铁道部与 5 个公司的关系从以行政隶属为主的关系,转变为以资产为纽带的出资者与经营者的关系,5 个公司与运输主业的关系从按计划分配转变为平等的市场供求关系。

2003 年,铁路系统准备实行"网运合一、区域竞争"模式改革。借鉴世界银行提出的我国铁路体制改革方案,铁道部向国务院提交"网运合一、区域竞争"模式的铁路改革方案,但国务院考虑到体制改革可能对铁路系统带来的其他负面影响,改革并没有得到实际执行。

2003 年下半年,铁路部门实行主辅业分离改革。铁道部把有关物资供应、勘测设计、工程建设等单位相继剥离,移交国资委及所属企业管理。包括铁通公司、物资总公司和 42 家设计施工企业。

2004年,铁路系统实施学校、医院剥离改革。铁路系统加大社会职能移交的力度,铁道部将原属铁路系统的中小学校、医院全部移交地方管理。对于学校来说,有助于增加教职工收入,提高教学水平和教学质量,激发学校活力和发展动力,促进教育资源整合。对于医院来说,有助于扩充社会医疗资源,促进医院自身发展。同时,铁路学校、医院的剥离,减少了铁路企业负担,有利于提高铁路企业核心竞争力。到2005年,基本完成教育、医疗机构移交工作,共有826所铁路中小学校、208所铁路医院移交地方政府管理。

主辅业分离、辅业改制对铁路系统将主业做大做强、辅业灵活多元发展起到了积极的促进作用。对铁路系统而言,主辅分离能实现减员增效,提高劳动生产率,集中资源将主业做大做强,推动铁路系统从大而全向专业化转变,从劳动、资金密集型向技术密集型转化。对辅业而言,打破了多元经营发展的体制性障碍,走出铁路系统体制,融入相应行业,能有效激发企业的内生动力,促进企业在社会主义市场经济制度下提高业务水平和行业竞争力,改变原有业务依赖性强、市场竞争力弱、管理方式僵化、经营机制不灵活、小散弱问题突出等不足。对社会而言,为相关行业注入新的力量,促进相关行业发展,有利于提高行业服务能力和服务水平。

2005年3月18日,实行铁路分局撤销体制改革。全国41个铁路分局全部被撤销,铁路系统从“铁道部—铁路局—铁路分局—站段”的管理体制,直接进入“铁道部—铁路局—站段”的三级管理体制。撤销铁路分局,减少管理层次,改变铁路局和铁路分局以同一方式经营同一资产,造成管理层次过多、职能交叉、管理重叠、相互掣肘、效率不高的状况,各铁路局成立适应直接管理站段的调度指挥机构,对铁路局管辖范围内的运输工作统一指挥、集中调度,从而减少运力配置的中间层次,有利于提高组织管理效能、优化运输组织、提高运输效率、减少运营管理成本。原铁路分局改为铁路办事处,主要负责地区铁路运营安全工作。

直管体制的实施,是铁路系统的一次“瘦身”,为铁路系统带来了一定效益。直管体制打通了原分局间的分界口,直达列车运行线数量明显增加,重载列车开行范围变大,运输组织得到优化,铁路线路的通过能力大幅度提高;机车交路[①]不断延长,列检作业次数减少,机车周转加快,车辆使用效率

---

① 机车交路是指机车担当列车牵引任务的固定区段及机车的运用方式。

大幅度提高;直管体制下调度资源优化整合,调度台数量和调度人员大量减少,路局调度直接组织运输、指挥行车,信息更加准确及时,协调沟通更加快捷,组织指挥更加顺畅,提高了运力资源使用效率和调度指挥效率,解决了铁路局和铁路分局职能交叉、管理低效的问题;直管体制的实行,使得铁路企业对市场需求了解更加全面、及时、准确,运力资源配置与市场需求衔接更加紧密,重点物资运输保障能力大幅提高;直管体制减少了管理层级,解决铁路局和铁路分局两级法人以同一方式经营同一资产,造成管理效率不高和管理成本增加的问题,管理人员和成本支出大幅减少。

2012 年 6 月 30 日,完成铁路检察院管理体制改革。从 2012 年 1—6 月,29 个省、自治区、直辖市,76 个铁路检察院(17 个铁路检察分院和 59 个基层检察院)陆续完成铁路运输检察院体制改革工作,铁路检察院人财物管理与铁路部门、企业全部分离,一次性纳入国家司法管理体系,移交给驻在地省(自治区、直辖市)党委和省级检察院,实行属地管理。移交省级检察院管理后,铁路检察机关是国家依法设置的专门检察院,行使对铁路交通领域的专门法律监督职责。

三 第三阶段:政企分开和综合交通发展时期(2013 年至今)

2013 年 3 月,铁路系统实行政企分开。根据第十二届全国人民代表大会第一次会议审议的《国务院关于提请审议国务院机构改革和智能转变方案》的议案,铁道部实行铁路政企分开。成立国家铁路局和中国铁路总公司(简称“铁总”),国家铁路局划归交通运输部。铁总承担铁道部的企业职能,负责铁路运输统一调度指挥,经营铁路客货运输业务,承担专运、特运任务,负责铁路建设,承担铁路安全生产主体责任;国家铁路局承担铁道部的行政职能,负责拟订铁路技术标准,监督管理铁路安全生产、运输服务质量和铁路工程质量等。政企分开后,铁总成为市场主体,可以落实经营自主权,促进企业内部改革,转换运营机制,提高发展内生动力,全面提高铁路企业经营化水平,推动铁路建设和健康运营可持续发展;明确和强化铁总的安全生产主体责任和国家铁路局的安全监管责任,有利于从体制上保障铁路运营秩序和安全;交通运输部统筹规划铁路、公路、水路、民航发展,可以加快推进综合交通运输体系建设,优化结构布局,实现各种交通运输方式统一规划、协调发展和“无缝”连接,形成真正意义上的大交通格局。同时,对于铁路系统而言,政企分开使得铁路负债可控,不会造成铁路私有化,铁路票价能反映市场比价关系。总的来说,铁路系统政企分开有利于形成政府依法管理、企业自主经营、社会广泛参与的铁路发展新格局,标志着铁路系统体制改革的重大进展。

2017 年 11 月,铁路系统实施公司制改革。2017 年 7 月,国务院办公厅印发的《中央企业公司制改制工作实施方案》指出,2017 年年底前,按照全民所有制工业企业法登记、国务院国资委监管的中央企业(不含中央金融、文化企业),要全部改制为按照公司法登记的有限责任公司或股份有限公司,加快形成有效制衡的公司法人治理结构和灵活高效的市场化经营机制。

2017 年 11 月起,铁总按照“非运输企业—铁路局—总公司”三步走,完成公司制改革。第一步是对 17 家非运输类企业进行公司制改革,包括中国铁路建设投资公司、中国铁道科学研究院、中国铁路经济规划研究院、中国铁道出版社、《人民铁道》报社、中铁银通支付有限公司、铁总服务中心、中国铁路网络有限公司、中国铁路国际有限公司等,涵盖铁路投资、房地产开发、工程勘察设计、技术开发、图书报刊出版发行、物业管理等多个领域;第二步是对全国 18 家铁路局进行公司制改革,除了广州铁路(集团)公司与青藏铁路公司外,其余均冠以铁路局抬头;第三步就是铁总本身进行公司制改革。

铁路局公司制改革由铁总行使出资人职责,不设股东会,设立党委会、董事会、经理层和监事会,依法建立职工董事、职工监事制度,健全以职工代表大会为基本形式的企业民主管理制度。在领导体制方面,改制后的公司坚持党的领导,实行“双向进入、交叉任职”的领导体制。在决策机制方面,将党委会研究讨论作为董事会、经理层决策重大问题的前置程序,充分发挥党委会把方向、管大局、保落实的领导作用,以及董事会的决策作用、经理层的经营管理作用、监事会的监督作用。

铁总对机关组织机构进行改革,内设机构精简调整,机关部门、二级机构、人员编制分别精简 10.3%、26.6%、8.1%,工作流程进一步优化。铁总撤销了负责全国铁路网络正常运行的核心部门运输局和其下的综合部、营运部等 9 个部门,将运输局改组为运输统筹监督局(总调度长室),将原本隶属于运输局下的 9 个部门整合后,提升为与运输局平行的 5 个部门,分别是客运部、货运部、调度部、机辆部、工电部,其中,客运部和货运部为新设立的部门。

公司制改革的目的是政企分开,焦点与重点都在于建设公司化的治理结构。组建由董事会、经理层和监事会组成的机构,董事会成为决策机构,将人事任命、薪资安排等原本由总经理负责的事务,转为董事会负责;经理层专门负责公司的市场化经营,为企业的盈亏负责;监事会负责制衡权力。铁总公司制改革有利于走向市场经济,以更加市场化的方式灵活地参与竞争。铁路局公司制改革有利于铁路局强化市场化经营,提高国铁资本效率和效益,能够更加贴近市场,根据市场需求增加更有效的供给,提供更精准化的服务,让人民有更多获得感;有利于铁路局进行多元经营,扩张经营范围和领域,推动国铁从传统运输生产型企业向现代运输经营型企业转型发展,能够真正激发企业活力,充分发挥现有土地等资源的价值,提高运营效率;铁路局拥有更大的自主权,有利于引入民营资本,推动铁路投融资体制改革。

第二节 国外铁路行业管理体制情况

一 瑞典国铁改革

(一)改革决策背景

一般认为,欧洲铁路普遍推行"网运分离"的改革,在很大程度上源于欧洲共同铁路政策特别是欧盟1991年440号决议的影响。而瑞典早在欧盟决议之前,已开始酝酿并逐渐形成了"网运分离"的改革思路,在20世纪80年代以来的世界铁路改革浪潮中,最早全面实施"网运分离"的制度性变革。这一决策的形成有着独特而深刻的社会政治、经济背景。

1. 社会经济发展需要增加对铁路基础设施的投资,要求建立与之相适应的投资决策管理机制

20世纪80年代后期,瑞典政府开始研究制定20世纪90年代运输政

策。其中有3个政策要点对铁路发展具有重要影响：

(1)交通运输要为促进地区平衡、推动人口稀少地区的经济开发和工业发展，发挥历史性作用。

(2)减少运输带来的环境污染。

(3)全面提高交通运输系统效率。

上述运输政策的确定，直接导致瑞典对铁路基础设施投资的大量增加。20世纪90年代对铁路的投资总额比过去10年增加了一倍，1994—2003年规划中干线投资规模达到320亿瑞典克朗(以下简称“克朗”)，其中包括国家对干线网的直接投资，也包括对地区政策的支持。为了明确中央政府、地方政府和运输经营者各自的责任，也为了便于协调各种不同类型的投资计划，瑞典明确提出：应从组织上将有关基础设施的投资决策责任，与有关运输服务的经营决策责任分离。

2. 瑞典国家铁路股份公司(简称“SJ”)从国家商务管理机构转变为盈利性企业，要求明确其经营目标，并获得平等竞争条件

瑞典国家铁路干线网早在1907—1937年，就已基本形成。当时瑞典投资修建铁路，主要考虑促进地区经济开发等社会政治需要，20世纪30年代以后，随着运输市场上各种运输方式竞争日趋激烈，传统的国铁管理体制弊端愈见突出，市场份额丢失、财务状况恶化。在1962—1988年的26年间，SJ只有3年有盈利，其他年份均亏损，都由国家财政补贴。瑞典铁路即使在拥有传统优势的货运市场上，份额也下降了20%左右。1960—1992年，国内客运市场总客运量增长了1倍，但铁路份额从10%降到5%。

政府认为，应促使SJ从国家商务管理机构转变为营利性企业。为此有必要引入公路管理模式，将基础设施归于国家负责，从SJ中分离出来；同时SJ应为其运输经营承担盈亏责任，成为以盈利为目标的独立企业。

3. 国家对铁路的管理逐渐从完全管制趋向放松管制，铁路管理体制的变革相应经历了一个长期的渐进过程

20世纪60年代以来，随着国家社会经济和运输市场的变化，瑞典政府也不断地通过议会立法，调整其运输政策。特别是1963年、1979年、1985年、1988年分别通过的3个运输政策法案和1个铁路法案，对铁路体制的变革具有很大影响。

从上述瑞典国铁改革的历程来看，“网运分离”的设计经历了一个长期酝酿、逐步丰富的渐变过程，其决策基点不仅考虑到解决SJ自身的经营困

难，更注重从根本上建立一种企业自主经营的良性循环机制，更强调从国家宏观社会经济发展、统一的运输市场体系建设、铁路长远发展战略的角度来思考设计瑞典铁路运营改革。改革过程表现出高层推动、立法保证的特点。尽管当时铁路界也有人提出异议，认为“网运分离”破坏了铁路的整体效率，但由于各党派、利益集团之间达成了政治上的共识，使改革得以顺利推进。

(二)改革的基本内容

从1988年至今，瑞典国铁改革可分为两个大的阶段。第一阶段从1988年到1992年，改革的主要内容是完成组织上的“网运分离”，并促使SJ从官僚化机构转向营利性企业。第二阶段从1991年开始酝酿，1991年7月1日正式实施，其主要内容是进一步放松管制，在铁路运营部门引入竞争。

1988年运输政策法案实施，以立法形式规定了第一阶段国铁改革的基本要点：

(1)从组织上将铁路分为两部分：按照商业原则经营铁路运输服务业务的SJ和负责铁路基础设施的瑞典国家铁路管理局(简称“BV”)。

SJ资产包括：机车车辆及维修设施，车站及车站房地产、铁路线两侧土地。具体负责客货运输营销、运输控制、编组站作业、机车车辆购置及维修、所属地产的出售与开发。

BV资产包括：铁路线路(含区间线路、车站线路、编组场线路)、通信信号设施、电力接触网、线路下面的土地及车站以外的土地、编组站固定设备。具体负责制定铁路基础设施投资计划，并承担上述基础设施的维护管理责任。

(2)在经营管理上区分路网干线和支线，采用不同的机制。SJ对整个路网的货运和干线客运具有垄断经营权。支线客运大多属于公益性服务，由地方运输管理局负责财政预算、协调运营。这些支线的日常维修由BV下属的分部负责，但线路投资和运营补贴，由中央政府列入专门的“地方运输设施”预算，直接与地方政府协调，而不涉及与BV、SJ的财政关系。支线客运经营权采用地方政府招标方式，允许SJ与其他任何可能的经营者以最小成本原则投标。中标经营者获得经营合同收入，而支线客运的票价收入交地方政府。票价水平在合同中规定。这一补贴机制的改变，既体现了政府对公益性服务应承担的责任，又维护了运输公司市场化经营的要求，使

SJ能够在竞争性的市场环境中,提供社会满意的公益性服务,不再依赖补贴。

(3)SJ与BV之间的关系协调是通过一系列双边协议来实现的。但因为当时重组方案还未经受实践考验,在具体实施中的大量协调问题还没有充分暴露,1988年法案只能对这类协议规定一些原则。这就很难避免以后产生大量的协调矛盾。这类协议主要涉及3个大的方面:

①基础设施使用费。1988年法案明确规定,SJ应为基础设施的使用付费。使用费分为固定费用和可变费用两部分,主要用以弥补基础设施维修成本以及因事故、环境影响所造成的社会经济成本。

②有关线路能力的分配协议。1988年法案规定,由SJ负责列车运行计划和时刻表安排。

③有关线路投资计划的协调。BV对线路投资项目的选择,取决于同公路一样的社会经济效益评估。但与公路不尽相同的是,对铁路基础设施的投资,需更多涉及一些与运营有关的技术条件,如最适宜的运营组织方式、行车密度、可允许的列车运行计划弹性以及对其他线路能力的影响等。这些都会直接影响到运营者将来的运输成本及价格政策。SJ当然希望投资项目能够有利于提高运输企业财务收益,而BV所进行的社会经济效益评估显然并不仅限于此。

(4)从1996年7月1日起,瑞典国铁改革进入第二阶段。1995年底,议会讨论通过的政府建议报告《铁路运输的新条件》,制定了3项新的政策:

①赋予地方运输管理局更大范围的经营权,允许它在管辖范围内的铁路干线上经营地方性的客运业务。同时仍保留SJ对跨地区客运的垄断经营权。

②从1996年7月1日起,任何符合国家有关规定的经营者都可以在国家铁路干线上经营货运业务。但铁路干线上既有的货运经营者将获得线路分配优先权。

③政府将组建一个负责线路分配和运输控制的新机构。该机构设在BV内,但独立于运输经营者和基础设施管理者,直接对瑞典交通部负责。

第二阶段改革的中心内容,是进一步开放铁路运输市场,促进铁路运营者之间的竞争发育。

从法律的角度讲,大门已经打开,过去由SJ独占的市场,现在随时可能有第三者侵入。这种潜在的竞争压力,实际已经对 SJ 产生作用。SJ 管理层上下都强调一句话:我们必须为顾客提供最好的服务,才能稳住市场地位。

(三)改革实施效果

"网运分离"的设计,最基本的出发点有两个;①分清国家对基础设施的投资责任和企业对运输生产的经营责任;②促使铁路运输企业走向市场。由此来评价瑞典国铁的改革,应该说取得了积极的效果。

1. 瑞典对基础设施的投资兴趣提高、投资额增加、投资更为有效,同时也解决了以往补贴的大锅饭弊端

1988 年改革以后,瑞典中央政府对铁路的资金投入主要包括三个方面:

(1)基础设施建设投资(包括技术改造);

(2)基础设施维修费用补贴;

(3)对于地区政策考虑的间接补贴(如专线客运)。政府支出数额比改革前增加而不是减少了。

2. SJ 内部从思想观念、组织机构、经营思路等各方面,真正实现了从国家商务管理机构到盈利性企业的转变

思想观念的转变被认为是改革中最困难的事情。从 SJ 的管理层到工人,过去长期依赖政府拨款,现在突然告诉他们,钱不再是"从天上掉下来的"了,必须自己到市场上去找用户挣钱,在观念上极不适应。老 SJ 的高层管理人员在 1988 年改革中几乎全部被换掉,董事会中增加了财务、管理方面的专家,大大弱化了董事会的政府色彩;部门经理以上的高层管理人员,除人事部主任、机械工程部经理属于老 SJ,其余全部是从外部聘请的私营企业管理人员,总裁拉尔森就来自于国内最大的一家私营企业。这些人市场意识很强,也较少受传统国铁的束缚,对老 SJ 从减员提效、机构重组、经营战略开发等几个方面进行了改革。

3. 市场竞争激烈的背景下,SJ 高层管理人员对开发市场经营战略极为重视,也很有效

(1)SJ 花了很大精力改变以往服务质量差、客车经常晚点、设备陈旧的市场形象,促进用户、社会公众与 SJ 之间的交流、沟通。

(2)以运输为核心开拓铁路经营领域,致力于在综合运输市场上增强竞争能力。

(3)从经济效益增长的情况来看,应该说SJ实行商业化经营也是有实绩的。从1990—1994年,SJ母公司净收入(指税前利润,因SJ改革后至今一直享受免税的优惠政策)从3.72亿克朗增长到4.71亿克朗;利润增幅从5.9%增长到9.1%;股东权益与总资产比率从2.73%增长到3.09%。SJ集团净收入从6.81亿克朗增长到7.09亿克朗,利润增幅从5.1%增长到5.2%,股东权益与总资产比率从6.1%增长到28.9%,进入了良性循环。

二 日本铁路改革

(一)改革前日本铁路发展情况及特点

第二次世界大战之前,日本铁路由政府下属的铁道部运营,1949年日本国有铁路成为“公共企业”,一些主要的决策仍然处于管理部门的控制之中,包括对运价、投资计划以及工资的决策,日本国铁公司受到日本政治的深刻影响。

早在20世纪50年代末期,与具备竞争力的私有铁路和其他运输方式相比,日本铁路就开始丧失市场。1969—1980年,政府4次试图加快日本国铁公司的内部改组和经济改革,所有这些规划都由日本国铁公司管理部门自己领导,但被证明并不成功。

20世纪80年代,日本政府开始对国铁公司进行改革,除上述运营不景气、生产率下降和市场竞争力薄弱的原因外,还有其他一些因素,主要原因体现在以下3个方面。

1.缘于20世纪70年代后半期的财政危机是根本原因

1980年,日本政府处于严重的财政危机之中,铃木善幸内阁决心尽快改善财政状况,负债累累的国铁公司自然成为改革的首要对象。

由于经营无方,日本国铁公司1964年开始亏损。其后,随着经济进入高速发展阶段,国营铁路公司的经营赤字也随之高速增长。到20世纪70年代,经营更是每况愈下。在国家每年支付巨额补贴的情况下,20世纪80年代经营赤字仍超过1兆日元,1985年达到顶峰的1.85兆日元,累计赤字超过10兆日元。尽管为消除赤字,反复提高运费,到1986年运价已比1980年上涨38%,但同期日本国铁的长期债务仍高达37.1兆日元,达到全国总预算的4.9%和GDP的0.9%,大大超过了财政的承受能力。政府认识到,国铁公司到了非改革不可的地步,否则难堪重负。改革的首要目标,即是把铁路从亏损大户转变为盈利企业。

2. 在本身经营管理不善及其他运输方式的竞争冲击下,改革势在必行

日本国家铁路公司在实行股份制改革之前,拥有职工 27 万人,是日本最大的企业。但由于缺乏经营自主权,调整铁路运费、制定投资和经营决策等事项都要由政府甚至国会批准,不仅影响到主业的运营效率,还严重束缚了向相关产业发展及进行多元化经营的积极性。20 世纪 60 年代以来,日本的民航、汽车运输猛增,使得铁路面临的竞争更加激烈,但国铁公司长期形成的政府管理体制和庞大组织的机构,使得其难以有效应对,优势逐渐丧失,经营陷入困境。加上国铁公司前几次内部改组的失败和国铁公司各工会组织越来越频繁的罢工,到 1980 年,日本高层认识到只有彻底改革,才能解决这一系统问题。因而,改革的第二个目标,就是提高国铁公司适应市场的能力和增强竞争力。

3. 日本具有发展铁路运输的市场条件和技术基础

日本是一个细长的岛国,工商业发达的主要城市都在沿太平洋一侧呈线状展开,这种特有的地理形态,非常适合发展铁路运输。同时,日本国铁公司的技术基础(包括新干线网络在内)也属于世界最先进行列。

(二)日本铁路改革的实践

1. 改革的进程

日本国铁公司改革从酝酿到 1993 年首家日本铁路公司(JR)股票公开上市,经历了 10 年多的时间。经过较长时间的酝酿和准备,先是成立了“临时行政调查会”,经广泛讨论后,得出国铁公司以原有的管理和经营方法无法实现根本性变革,必须实现民营化的结论。进而设置“国铁再建监理委员会”,进行了为期 2 年的论证,提出国铁公司改革方案,在征得国会的批准后,正式实施改革。这 2 个改革领导机构在日本国铁公司的整个改革过程中,发挥了非常重要的组织和协调作用。

日本国铁公司改革采取的是“自上而下”的重组方法,对拥有和控制的铁路公司资产进行重组。铁路公司组织机构的设计,首先在高层次的政府决策机构中得到认可,再以立法或其他正式协议的形式,向上呈送设计建议书。随后,通过反复谈判、设计和市场测试,使建议成为明确和可行的最终

方案。其过程包括3个阶段:政治协商阶段、计划阶段、投入实施阶段。这几个阶段是有逻辑顺序的,但每个阶段的独立工作又有重叠。

为了使国营铁路的股份制改革顺利进行,政府和国会首先制定和通过了《日本国有铁路改革法》及相关的7项法律,对改组的进程、改组的办法、债务的清算、人员的处理等都作了明确规定,以确保改革稳步推进。根据上述方案设计和法律法规,有步骤地对国铁公司进行股份制改造。总体是按照先改组,即国有铁路公司被分为6个以专区划分的铁路客运公司和1个在全国市场享有特权的铁路货运公司,而后进行铁路的私营化,即向公众出售从国有铁路分解出的几个地区铁路公司的股票来进行的。

2. 政府管理职能的转变

日本铁路公司在改革前,是由国家出资的公共企业法人,所有事项都要经国会或政府审议批准。改革后政府对铁路的管理方式发生了很大变化,原国铁公司从事的铁道业务全部交给JR集团,政府基本不干预,只参与重大事件的决策和管理。日本在国铁改革法规定,代表国家对JR各公司实行管理的是运输大臣,负责重大事务。法律还同时规定,在认可某些事项时,运输大臣必须和大藏大臣协商,并对政府管制等多项的内容作出了调整。

(1)政府管制方式的改变。日本原国铁公司受《国有铁道法》《国有铁道运费法》和《铁道建设法》规范,年度预算由国会议决,对外投资、重要的施工建设、营业线路的取消等业务须上报,经运输大臣认可或批准。当时的私营铁路受《地方铁道法》规范,包括颁发执照、安全检查、运费及设施变更的上报批准等内容。国铁公司改革时,颁布了《国有铁道改革法》,废除了原有法律,新成立的JR铁路集团7家公司和其他铁路企业一同受《铁道事业法》制约,该法的内容与原《地方铁道法》相似。

改革之后,JR集团的公司与日本普通企业一样,确立了以利润最大化为原则的市场主体地位,对外投资不再严格限定在与运输业相关的领域,经营其他业务只需按规定获得执照即可。由于铁路建设和运营的安全问题对社会影响极大,国家也并非完全放手不管,而是通过简化管理手续、制定技术标准和强化事后检查等措施,实施有效的监督和控制。

(2)投融资体制改革。国铁公司时代根据《铁路建设法》,新线路由国铁公司以及日本铁道建设公团建设,完工后由国铁公司运营。新线路的建设资金由国家融资,或采取利息补贴,或投入补助金的方式,但大部分依靠贷款。改革后废除了《铁路建设法》,国家对新线路的建设不再干预,各铁路公司根据自己的需要作决策；国铁公司时代线路的改造由国家投入补助金，但基本也由国家贷款形成；对于JR集团实现高速化、与新干线直通运行、车辆现代化等提高竞争力方面的投资，以及地铁、大城市近郊铁路、地方中小民营铁路的建设投资，运输省和地方政府都给予财政支持，提供同等的补助或无息贷款，以减轻各铁路公司的经营负担。

(3)铁路运价的制定。日本国铁公司运价制定，在改革后由原来的国会议决制变为运输大臣认可制，只要运价满足合理的成本加一定的利润、不对特定的旅客和货主给予歧视性待遇、不使消费者难以负担、不与其他铁路企业发生恶性竞争等条件即可获得认可。后又实行运价上限认可制，由运输大臣认可运价的适当范围，在其上限之内的价格调整，只需事先提出申报。这种变化，标志着对铁路运价限制的进一步放宽。铁路企业只要获得了运价及新干线特快票价的上限价格的认可，对既有线路的特快票价、卧铺、对号座席及各种票价的折扣优惠，仅提出申报即可，对站台票价、退票费等均已无限制。

3. 改组的主要内容

日本国有铁路的改组涉及企业改组、资产运营、组织机构变动、冗员安置、债务处理和改组后公司营业方向的重新调整等问题。

(1)企业改组。创造市场导向的铁路企业是日本国铁公司改组的基础，其改革的最终目的是实行民营化。首先是组建JR铁路集团，按区域公司模式分为6家客运公司，并成立了1家全国统一运行、向客运公司租借线路的货运公司，原国铁的全部资产、业务、债务由这些新机构继承。清算事业团作为特殊法人，持有7个运输公司的全部股权。新干线保有机构继承新干线的全部资产，先是将新干线租借给有新干线的JR本州的3家公司，即JR东日本、JR东海、JR西日本公司，而后将资产进行评估后按市值出售给各分公司。

被分割后的JR各公司接着进行3个层次的企业调整，如JR东日本公司，到1993年7月为止，有子公司、关联公司102个，主要从事从JR东日本公司分离出去的客运以外的业务或新开发的业务。7家运输公司全部改组成股份公司，法律对国家的持股率和外国人持股无任何限制。其中JR东日本公司于1993年10月26日股票上市，清算团出售了其持有的249.7万股，目前的持股率为37.6%。随后又有其他几个公司先后上市。

(2)资产重组。在对铁路产业进行资产重组过程中，考虑的基本问题是:可用的资产在哪些市场上能产生最大价值?以前的企业服务于这些市场时使用的资产状况如何?为满足将来目标顾客的需要,可用资产的结构如何?在这个处理过程中,有多种方式,而日本国铁公司主要采用按核心资产和非核心资产划分的办法,即将一些在现有职责下对于核心业务非必需的剩余资产进行剥离,将管理重心集中到核心业务。在重组过程的早期,原国铁公司财产分配给各个 JR 公司后,剩余的非核心资产就移交给了原国铁公司清算事业团。清算事业团的任务是处置其拥有的资产,主要是过量不动产,并且用清算收益来偿还债务,这些债务是核心业务承担后的剩余部分。

(3)组织结构调整。日本国铁公司改革后的所有权转让给了国铁清算事业团,它持有 7 家运营公司的股份。各铁路公司改组成股份公司,每家公司都有自己的管理机构。各铁路公司内部的组织机构与原国铁公司相似,但在各铁路公司中,与铁路运营有关的各部门统一在新的铁路管理部(以下简称"RA")领导下,以方便协调。改革后日本铁路公司的地区性部门比原国铁公司小。

(4)债务处理。原国铁公司时期的巨额债务由本岛的 3 个公司承担了一部分,其余由国铁清算事业团处理,主要是用出售铁路周边土地、各公司股份和新干线的收入偿还。但由于日本国内泡沫经济破灭引发的金融危机和利息变动等,使偿还计划受阻,又于 1998 年制定了《国铁清算事业团债务处理法》,并在当年 10 月解散了国铁清算事业团,全部剩余债务移交给国家财政,实际上变成了国家的债务。

日本国铁公司改革过程中资产处置值得一提的做法,是剩余资产拍卖。日本改革的实践表明,当资产的数量和价值较大时,拍卖似乎是将资产转换为流动资产并实现价值最大化比较适宜的办法,直接和公开处置剩余资产的方法在实现资产的最大价值方面,常常优于那些更复杂、更间接的方法。

(5)冗员安置。日本国铁公司改革过程中对原有 27.7 万名职工的安置,采取了较为妥善和周全的方法。先是号召职工志愿退职,有 5.6 万名职工表示志愿退职另谋生路。实施股份制后的公司雇用了 20.1 万名职工,剩余的 2.3 万名职工由清算事业团以临时救急措施安置,进行各种职业培训,并负责再就业安置。3 年后,几乎所有的职工都得到了新的工作。

(6)重新确定经营方向。国铁公司改组后,对经营方向作了较大调整,以获取市场份额和利润为主要目标。每家铁路公司都确认了利润目标,并建立奖惩机制，确保这些目标的实现。为此，各公司不仅提升铁路运输服务的质量，提供满足顾客要求的多种运输服务，还不断挖掘沿线经营业务。如发起“车站再造”工程，采取多种措施吸引乘客在站内购物，使乘客在乘车之余，享受到购物、观光、娱乐和办理银行业务等全方位服务。

（三）日本国铁公司改革效果

日本国有铁路公司改革最大的受益者，莫过于政府本身，尤其考虑到国库纯收益时更是如此。改革前，政府每年约给国铁公司55亿美元的补助。随着改革的进行，补助额急剧下降（到1991年为近10亿美元）。而改革后的JR成为纳税大户，其税收和节余的补助，是日本政府重要的资金来源。1991年，政府从中获得净流入资金30多亿美元。

（四）日本国铁公司改革的主要特点

概括来说，日本国铁公司改革过程中有几个方面比较独特，包括高层领导支持改革的决心，强而有效的中介机构作用的发挥，多阶段的改革进程，合理竞争机制的引入等。

1. 高层领导的大力支持和关注是改革成功的重要保证

组织日本铁路公司改革临时委员会的铃木和组织监督委员会的中曾根都是改革的有力支持者，临时委员会直接向首相汇报。在重要问题上，首相要求运输、财政、卫生、福利、劳动、管理和协调等部门予以大力协助。因此，政府对铁路公司改革的高度重视和支持，是改革成功的关键。

2. 发挥中介机构的重要作用

在改革过程中对资产的再分配，负债的处理，冗员的安置，维持公益性服务以及对不同重组方案的选择和各方面利益的协调等，都需要有一个独立的强有力的机构从中发挥重要作用。日本政府认识到，如果不将这些权力交付给中介机构，仍由国铁公司自己承担重组和改革的任务，不可能有根本性变革发生。“临时委员会”和“监督委员会”就是日本国铁公司改革过程中重要的两个中介机构。

日本国铁公司改革的经验表明，推动重组进程中外部中介机构的作用非常重要。正是由于其超然性，每个成员具有很好的信誉和较高的工作水平。“临时委员会”在长达6年的规划和酝酿过程中，以及“监督委员会”在整个改革过程中，能始终保持严谨和公平，它们的工作也因此得到公众持续的支持。另外,在改革过程中,中介机构还经常对政府在运输方面的职能进行重新定义和划分,并改变公众和私人参与者各自的地位;在那些前任政府政策与铁路公司重组目标发生冲突的时候,中介机构常常对政策调整提出建议;日本国铁公司重组法案的实施,影响到其他150条法律,必须对这些法律进行修订,如关于偏远的、低密度铁路建设和运输的政策等。这些工作都离不开超脱于政府之外的中介机构发挥作用。

3. 系统配套和特殊政策及其过渡措施相结合

由于日本国铁公司在改组前濒临破产,要把企业资产按原值直接卖给私人投资者不现实。另外,在国铁公司进行改革过程中还有许多公益性问题,仅靠股份化的企业是无法完全解决的,仍需要政府的力量。诸如此类的问题要求改革方案必须系统配套,针对不同情况采取必要的特殊政策。日本国铁公司改革具有的过渡性特点和采取的特殊措施集中表现在两个方面:一是改革后的JR铁路集团仍是特殊的股份公司,而非完全的民间股份公司,法律明确规定政府对企业的权限及持股率等。二是为保证改革顺利,国家采取必要的特殊政策,包括:国家负担部分债务、固定资产税减半征收、国家负担部分退休职工年金等。国家特殊政策有范围和时间限制。国家负担的债务也只限于国铁公司时遗留的部分,数额经法律规定,固定资产税减半的期限为10年。

4. 在网络性产业中合理引入竞争机制

铁路公司改革过程中,民营化必须和引入竞争机制相结合。问题在于铁路是规模经济性、网络经济性显著的产业,如何合理引入竞争机制至关重要。日本的做法是:

(1)适当放松进入限制、直接引入竞争。

(2)企业分割是民营化改革的重要内容,既可以解决企业臃肿的问题,又有利于竞争。国铁公司被分割成7家公司,还另设企业独立经营。当然,分割过程要根据产业、技术、市场的具体特点进行。

(3)充分利用已有资源,防止过度竞争带来资源浪费。

(4)政府合理管理。铁道是"市场缺陷"较明显、需要政府较多介入和管理的产业。关键在于管理要合理适度,以便既引入竞争,又防止竞争过度而浪费资源。日本的做法是取消那些有碍竞争的限制,同时增加必要的保证竞争合理、不损害消费者利益的管理,即市场竞争和政府管制的有机结合。

三 美国铁路改革

美国铁路管理体制的特点是呈多元交叉状态,不同所有制、不同类型的公司并存,经营跨区运输的大铁路公司和服务于地区经济的小铁路公司互为补充。行业机构的变化,主要由私人部门在铁路重组的规章框架下开创的。

20 世纪 70 年代中期,美国州际商务委员会(ICC)对铁路严厉管制,一系列铁路公司的破产以及整体上的财务危机笼罩着整个美国铁路业,因此改革势在必行。改革进程始于 1976 年的《铁路复兴与管制改革法》(Rail Revitalization and Regulatory Reform Act)。此法案的实施,使铁路企业之间合并、分立、重组的程序加快,推动了铁路企业优化组织结构和资产结构。1980 年颁布了《斯塔格斯法》(Staggers Act),政府"把它的手从铁路上拿开了",铁路进入新的发展时期。美国铁路改革的显著特点是行业内部出现了小铁路公司分割。这场引进成百上千个小铁路公司的改革,被称为"短线革命",它对于铁路本身的发展以及地区经济的发展,起到了积极作用。

(一)美国铁路改革情况

1. 精简机构,减少人员

美国铁路运输企业的组织结构只有两个层次,职能机构仅 6 ~ 8 个。基层不设段,直接由公司进行经营管理;公司生产指挥实行不同职务人员的个人负责制;公司客户服务中心通过电话、计算机直接面对客户。为了精减人员,美国的铁路公司不断归并。1990 年一级铁路公司有 30 个,1991 和 1992 年分别减为 16 个和 13 个,现已减至 4 个。

2. 注重人力资源的培训和管理

美国铁路超过 2/3 的员工是大专以上文化。即使如此,他们仍很重视员工培训。公司设有专门的培训设施,24 小时开放。每名雇员每年保证不少于 30 小时的业余培训,以提高独立工作技能。美国铁路公司在劳动力使用方面注重一职多能,这与瑞典极其相似。

3. 放松铁路管制,鼓励竞争

美国认识到政府管制制约了铁路有效竞争,于是出台了一系列公共政策，其中《斯塔格斯法》被誉为美国铁路复兴的法律基础。其内容包括：

(1)明确市场竞争是铁路经营与价格管理最有效的调节手段。

(2)放宽政府对铁路的控制，给予铁路行业相当的自由度，鼓励竞争。

(3)铁路可以与货主协商定价，甚至秘密定价都是允许的，最终以合同形式明确下达。

(4)税收政策上，对某些确属国家需要的不盈利线路采取免税政策。

(5)鼓励把不盈利的铁路支线出卖，以补贴主要线路的经营。

(6)逐步缩小ICC的权力。这一法案有效排除了政府对铁路的侵入性经济管制，使铁路公司得以重组和调整资产。许多铁路公司把销售重点重新引向大的、具有全国性利益的领域，把支持其他一般用户的资源转向其最大的潜在顾客。在这一过程中，诞生了成百个小铁路公司，且都有了“用武之地”：为那些低密度线路上的托运人充当线路分配者、重新包装者和顾客服务代理商。同时，放松管制明显地促进了竞争。零差错清单、零丢失和损坏、百分之百准点运输等，越来越成为铁路公司服务的标准。竞争性市场有效地保证了生产潜力的最大限度发挥。

4. 建立灵活的运价机制

运价水平完全由运输市场的竞争确定。这就为铁路适应市场的需求、制定灵活的经营战略创造了有利条件，使铁路在各种运输方式的激励竞争中，通过加强内部鼓励和改善经营环境，取得了明显效果。例如，美国联合铁路公司在开放运价的4年内，由每天亏损100万美元转为每天盈利100万美元。圣太菲铁路公司受惠于放松运价的政策，在与货运汽车运输竞争中取得明显优势，两三年内集装箱运输利润翻了一番。

5. 注重成本管理

美国铁路公司以成本管理为中心，将成本分为有效成本和无效成本，强调了要注重有效成本的管理，降低无效成本(事故损失、经营管理不善、自然灾害和货主原因等造成的成本支出)。对无效成本，采取针对性措施，严格控制。重视成本分析，尤其重视人工成本的分析，并将成本分析落实到各个部门。

6. 成功的小铁路分割与运营

美国铁路独具一格的“短线革命”使大量不经济、低密度的支线铁路转入了私营化，开始了小铁路公司运营。代表地区和地方的513条小铁路线路占美国铁路总里程的26%、雇员的11%和行业收入的9%。大多数小铁路线路向托运人提供他们与一级铁路公司服务网相联结的服务,也向一级铁路公司提供独特的、以顾客为中心的市场和分配渠道。通过这些渠道,大铁路公司能够实现服务零售化。所以,小铁路公司建立了可靠的运营模式,并且正在建设稳固多层次的运量基础,取得了合理利润。1976年以来诞生的85%的小铁路,今天仍在成功运营。

(二)美国铁路改革的绩效

在多元交叉管理体制下的美国铁路,不但未形成封闭分割的状态,反而能以较高的效率,保持全国路网的紧密联系与畅通,实属难能可贵。值得一提的是,改革使至少1/3的铁路里程转入小铁路运营;剥离的短线和地区铁路的服务以及价格的满意程度不断提高。94%的被考察者认为,通过小铁路"转换",保持或改进了服务水平。大铁路公司分割成小铁路的财产转换和由此引发的资产结构调整,带动了铁路企业的资本经营,创造了巨大的社会效益。例如,小铁路为许多小的农村社区提供了价廉物美的运输服务,远胜于撤销铁路服务所带来的社会效益。另外,公路上运行的载货汽车减少,缓解了交通拥挤。大铁路已经从小铁路带来的运量中获益,政府也从税收中得到好处。

四 经验借鉴

(一)"网运分离"是欧洲国家铁路改革的关键

目前一些非欧洲国家铁路,如澳大利亚铁路亦采用了"网运分离"的改革政策。"网运分离"的突出优点,是能够实现铁路运输行业的政企分开。由于铁路运输本身具有公益性、企业性、基础性等多重属性,在运输经济活动中分离这些属性,特别是将公益性运输同其他商业性运输分离,是铁路改革的关键。通过"网运分离",将基础设施建设与列车运营分开,能够实现政府职能与企业职能的分离,便于区分公益性运输与商业性运输,也为政府对基础设施建设和公益性运输进行补贴提供依据。"网运分离"后,铁路运营企业的负担相对减小,竞争力能够明显提高。另外,"网运分离"允许更多的运营者使用相同的线路,且对线路都不具有控制权,由此,既有助于竞争者可以真正地进行业务竞争,也可以为获得某一特定的运输业务而展开对经营权的竞争。对于像铁路运输这样的行业,增加竞争是促使效率提高的最为重要的手段。可以选择的竞争形式包括:开放通路权、线上运输竞争、特许权经营竞争、铁路建设、设备租赁和维修竞争等。"网运分离"的改革模式,能够为上述各种类型竞争提供基本的制度保证。

(二)改革模式的选择要符合国情

日本铁路改革没有像欧洲铁路那样完全采取"网运分离"的模式,而是采取了"区域公司为主,网运分离为辅"的混合模式,这是与日本的国情和地理条件相符的。日本的人口密度大且相对集中,与承担的大量运量相比,铁路能力相当薄弱,其负荷比欧洲铁路重得多,完全实行线路基础设施和运营分离非常困难,既无法实现对线路的最优利用,也不利于降低成本、提高效率和安全水准。因此在改革时,客运公司"网运合一"(新干线除外);货运公司由于货物全国流动的特点和收支平衡的考虑,采用了"网运分离"的方式;新干线则具有"混合式模式"的特点,因为新干线由国家出资建设,各家客运公司运营,但新线建成后,其资产经过评估出售给各铁路公司,其后的线路维修和改造仍由各铁路公司负责。因而严格地说,日本的新干线兼具"网运分离"和"网运合一"模式的特点。目前我国铁路单位线路所承担的总重吨公里为英国的 7 倍,比日本高出 2 倍多,而且,主干线每天每公里通过列车数比英国铁路高出 75%,与日本的新干线几乎持平。与日本和西欧铁路相比,我国铁路不仅质量较差,而且线路基础设施和铁路运营之间,存在着更为紧密的联系和更多维修工作。因此,在设计我国铁路改革模式时必须充分考虑这一特性。

(三)政企分开是铁路改革成功的关键

日本铁路在改革前,国铁的双重领导导致经营责任不清。改革后,作为企业的 JR 铁路集团各公司的经营责任,与国家的行政职能明确分离,铁路企业与政府的关系依据《铁道事业法》得以明确,而且建立了政府不得随意干预企业的自主决策的制度。明确政府的目标要求,正确界定、划分和行使政府及企业在铁路基础设施规划、建设、融资、管理、运营及公共服务等方面的职能、责任和权力,合理调整各级政府和企业之间的分工,使铁路运输企业成为具有独立经营能力、按照商业化原则运作的经济实体,是世界各国铁路改革的普遍做法,也应该是我国铁路改革的基本前提条件。

(四)铁路企业结构应由市场决定

在日本原国铁公司分割时,6个客运公司的划分并非单纯考虑地理因素,而主要是根据运输市场和经营基础。首先要符合客流特点,不能对旅客造成不便,因此尽量不在旅客通过量大的地点分界,日本国铁公司分割后,各公司管辖范围内的旅客运输占到95%,只有小部分列车跨公司运行;其次要确保各公司的相对收益完整,既有线路和新干线的合并经营,必须达到财务平衡,并进行适度的内部交叉补贴,如东海道新干线跨越了东、中、西3个公司,但中日本公司仅靠既有线路不能维持正常经营,于是将东海道全线归其所有,目前东海道新干线的运输收入占该公司全部收入的83%;最后,公司的规模和人员要适度,处于有效的管理范围之内。

(五)要应用法律手段规范和引导企业行为,促进铁路的发展

美国铁路在发展过程中,总是及时地用法律形式明确各方的权利义务,调整各方的关系。例如对铁路复兴起了重要作用的法案《铁路复兴和管理改革法》《斯塔格斯法》等。同时为了保证铁路法律的顺利实施,美国还设立了ICC,加强了执法组织建设。我们应该学习这些经验。国家要通过法律引导铁路企业行为,使之符合社会公众利益的要求。同时通过立法,明确政府与企业的不同责任,将铁路的公益性服务和商业经营行为分开。铁路改革应有法律先行,这样改革成果才会有保障。对于铁路面临的问题,政府应通过法律解决。立法是对以前束缚铁路发展的法律原则予以修改,保证铁路能够在新的管理体制中有所发展。并且,在制定铁路法律规范时,要注意既要考虑到社会总体利益,又要考虑到铁路自身的发展。20世纪70年代前,美国政府进行铁路立法时,过于强调铁路的公益性,在法律上赋予某些政府组织过多的行政权力,结果限制了铁路发展。之后按照市场经济的原则,重新审视了铁路经营管理中的问题,制定了新的法律,使铁路进入了复兴、发展阶段。这个实例提醒我们:法律具有两重性。想要使法律促进铁路发展,必须考虑综合因素。

第三章 公路管理体制改革

第一节 我国公路行业管理体制改革历程

交通运输部是国务院对全国水路、公路、民航、铁路、邮政交通实行组织领导和宏观调控,进行行业管理的职能部门。

交通部最初成立于 1949 年 10 月,当时主要负责公路、港口建设和运输。1970 年 7 月,交通部、铁道部和邮电部的邮政部分合并组建为交通部。1975 年 1 月,交通部与铁道部分开,邮电业务归还邮电部,成立了独立的交通部。2008 年 3 月,实行"大部制"改革,中国民用航空总局、国家邮政局(1998 年,电信与邮政分拆,国家邮政局成立)等部门并入交通部,即将原交通部的职责,原中国民用航空总局的拟订民航行业规划、政策和标准职责,原建设部的指导城市客运职责,整合划入交通运输部。2013 年,原铁道部分拆为国家铁路局、中国铁路总公司,实现政企分开后,国家铁路局并入交通运输部,一个"大交通部"最终成型。

交通运输部对公路交通的管理一直持续到今天,公路管理体制的发展变革分为以下几个阶段:

一 公路管理体制初步建立(1949—1957 年)

从组织形式上看,最早实行的是全能总局制,把相关的管理部门都放在一个机构内。新中国成立初期设置了公路总局,功能齐全,内部有计划、统计、劳动、财务等部门,并把与公路行政管理相关的路政、监理、征费、运政、公路工程管理放在一起进行管理。

1950 年,刚刚诞生的新中国对公路工作高度重视,政务院颁布了《关于 1950 年公路工作的决定》,开始着手建立全国性的公路管理体系,并且国家开始组建国营运输公司和扶助私营汽车运输发展,探索道路运输企业管理的有效方法,与此同时,支持加入粮食大调运及支援抗美援朝战争。1950

年 1 月,交通部成立公路总局。由于公路点多线长,集中统一管理的难度较大,因此,大多数附属机构于 1951 年下放到省,干线养护工作统归地方管理。1950 年 4 月,为了发挥公路运输的作用,在促进物资交流、适应国民经济恢复工作需要的同时,支援抗美援朝战争,交通部成立国营汽车运输总公司,各大行政区、省交通部门也相应组建了直属运输公司,截至 1950 年底,已组建 4 个大行政区属运输公司和 26 个分公司,以及 28 个省属运输公司和 95 个运输(转运)分公司。

为了使公路的建设和管养有章可循,交通部颁布了一系列规章制度,各省、自治区、直辖市都制定了实施细则。为了提高公路养护职工素质和养护质量,交通部先后颁发了《公路养护修理技术规范(草案)》《养路工人技术标准》。

为保证公路建养有长期可靠的资金来源。1950 年 7 月,根据政务院“用路者养路”原则,交通部颁发了《公路养路费征收暂行办法(草案)》,规定凡在公路上行驶的车辆,除规定免征者外,都要缴纳养路费。

1951 年 5 月,国务院发布了《关于道群分工共养公路的指示》,要求道班养路和群众养路互相配合,以发挥两者更大的效能。1951 年 11 月,国务院颁发了《关于改进民工建勤养护公路和修建地方道路的指示》,从此民工建勤养路修路的制度,以国家法令的形式确定下来。

1951 年 12 月,交通部召开全国会议,根据公路重要性的差异,大多数省都建立了省、地、县三级公路管理机构,分别承担国道、省道和主要县道的管理、养护任务。由于这样的体制基本符合国情,基本沿袭至今。

1953 年,发布《中央人民政府交通部关于公路工作的指示》,提出公路运输工作方针为:“今后公路运输应在各地人民政府统一计划和领导下,改进经营管理,发挥潜在力量,逐步增建国营汽车,并加强其设备与技术基础,根据国家政策加强对各种工具的组织与领导,保证完成和超额完成运输任务,积累经验,培养干部,为将来进一步发展准备条件。”同年,交通部在汽车运输企业实行计划管理。

1954 年 4 月,交通部颁布了《公路汽车货物运输规则》和《公路汽车旅客运输规则》等汽车运输规则,以规范运输生产经营活动。

1955 年 12 月,交通部召开全国地方交通会议,作出关于统一全国汽车运价的决定。

1956 年,交通部在全国汽车运输企业推动三大改革:实行双班运输、拖挂运输和总成互换修理法，取代传统的单班运输、就车管理和单车运输，以充分挖掘汽车运输潜力。

此时的公路交通管理，由交通与公安部门在不同的区域实行“两家分管”。从地域范围和业务工作内容看，以交通部门管理为主。公安部门拥有一定的道路交通管理权限，起到了强化道路交通安全的作用。但是，这种管理体制的发展趋势对道路交通运输经济，以至整个国民经济的发展，特别是对道路交通的科学管理带来的消极影响则被忽视。经过几年的不懈的建设，公路管理体制初步建立。

二 公路管理体制备受摧残（1958—1977 年）

为了便于集中精力抓生产业务，为适应管理的客观需要，交通部实行了专业局制，根据业务范围成立了 2 个职能局，即公路运输局（1964—1968 年）和公路工程局（1963—1968 年），前者负责公路运输业务管理，后者负责公路工程建设管理。

1958 年，“大跃进”开始以后，在全国范围内掀起了建路高潮。为了赶超英国美国等发达国家，不顾当时底子薄、基础差和技术指导跟不上的实际情况，很多省撤销了省公路管理局，把省管的干线公路管理机构下放市、县一级交通局管理。有些省把民工建勤都投入公路新建、改建工程，公路养护陷于停顿，路况不断恶化，结果是出现大倒退。另一方面，随着货运量急剧增加，给公路运输造成很大压力，1958 年 4 月至 5 月，交通部在南、北地方交通工作会议上提出成立各级指挥部，推动地方交通部门组织群众性短途运输运动。

1959 年 3 月，交通部提出开展“车吨月产万吨公里”运动，组织“一条龙”运输大协作。

1959 年 12 月，交通部首次颁布《汽车运输成本项目和成本计算的统一规定》，健全国营运输企业的成本管理制度，加强成本计划和成本核算工作，以利增产节约运动的开展。

20 世纪 60 年代初，为适应战备和重点物资运输的需要，交通部开始筹建直属汽车运输企业。

1962 年，交通部颁布《公路养护和管理工作的若干规定（试行草案）》，对机构体制、养护方式、计划、技术、财务、路政管理，以及职工生活福利等进行了比较全面的规定，作为“大跃进”后三年调整时期贯彻中央和国务院关于加强公路养护和管理精神的重要举措。

1962年5月，中共中央、国务院发布了《关于当前民间运输业调整工作中若干政策问题的指示》。

1963年，交通部成立了民间运输管理局，加强对民间运输业的管理。同年，交通部又提出了“一网五化”（一个四通八达的公路网和线路标准化、桥涵永久化、路面黑色化、路树林荫化、养路机械化）的奋斗目标。

1965年2月，交通部提出建立攀枝花地区专业汽车运输公司，以支援“大三线”重点工程建设。

“文化大革命”开始后，公路管理体制又一次遭受到灭顶之灾。许多省属公路机构被撤销，大批干部和技术人员下放农村，规章制度被破坏。在最严重的1968年和1969年，实行“贫下中农养路”，公路养护下放生产队，养路费被挪作他用，很多干线公路几近瘫痪。新中国成立初期建立起来的公路管理体制几近于崩溃，公路事业遭受重大挫折。

1972年3月，为了推动交通运输的规范化运作，公安部、交通部联合下发试行《城市和公路交通运输管理试行规则》。

1972年12月，交通部颁布试行《公路汽车货物运输规则（试行）》和《公路汽车旅客运输规则（试行）》。

1975年恢复交通部以后，在公路管理方面交通部设置了公路局，统筹管理路政、运政、机务、监理、公路工程。

第二阶段公路管理体制发展历程见图3-1。

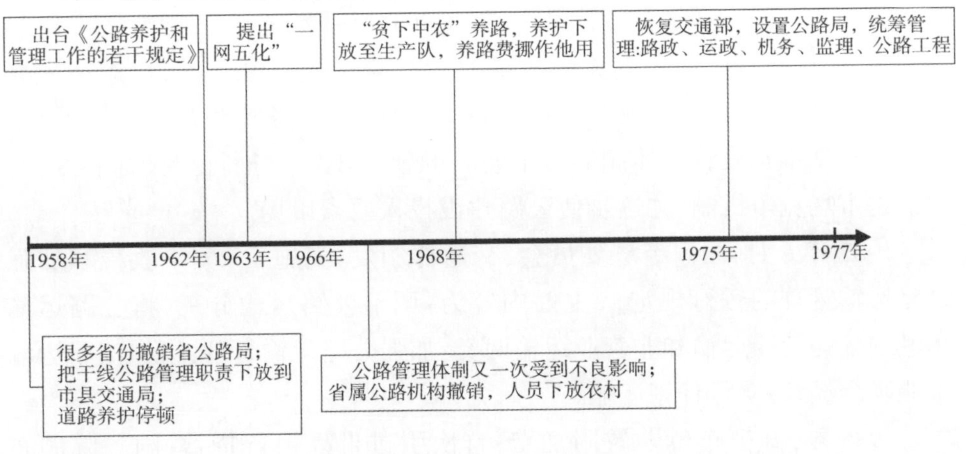

图3-1　第二阶段公路管理体制发展历程脉络图

三 公路管理体制重整旗鼓(1978—1998年)

改革开放以后,各地因地制宜,按照"统筹规划、条块结合、分层负责、联合建设"的方针,对公路管理体制和机制实施改革,建立起多种多样的管理体制和机制。

20世纪80年代,国家要求政府部门转变职能、政企分开、下放权力,调整机构和精减人员。

党的十一届三中全会以后,为了适应改革开放和国民经济发展的需要,迅速恢复路况,各省公路交通部门贯彻了"调整、改革、整顿、提高"的方针,又一次恢复了公路局、公路总段(分局)和公路段的三级养路机构;北京、上海、天津3个直辖市分别在交通局或市政工程局下设公路管理处(局),处以下按县(区)设公路管理所(分局),实行统一领导,分级管理。

1979年5月,交通部颁发《公路养护质量检查评定暂行办法》,作为考核各级养路部门工作成绩和实行奖惩的主要依据。

1979年7月,交通部印发《关于汽车运输汽车管理体制的意见》,以解决汽车运输公司多头领导、多家经营、互争货源、互抢线路等突出问题,同时明确了各省要对汽车运输汽车管理体制进行改革,改变多家经营,多头领导,互争业务,相向空驶,动力严重浪费,服务质量不高的现状。在汽车运输企业机构设置方面,省(区、市)设汽车运输公司,统一领导和经营全省国营汽车运输企业业务,地区(或经济区)设汽车运输公司,县设汽车运输分公司或场、队。

1980年,国家在交通运输部分项目中试行基本建设投资有偿占用制度,基本建设投资由原先的无偿拨款改为有偿贷款。1984年,广东率先修建了收费公路,对过往车辆收取通行费。1984年,国务院颁布了《关于改革建筑业和基本建设管理体制的若干问题的暂行规定》,推行招投标制度,开始引进市场竞争机制,并逐步使公路建设投入要素市场。

1982年6月,国家经济委员会、交通部颁发、实施了《关于改善和加强公路运输管理的暂行规定》,主要内容为:调整公路运输分工,将公路运输车辆划分为营业运输和非营业运输两类;加强公路运输管理;组织汽车运输企业联合经营;实行计划运输。

1985年,开征车辆购置附加费;首次引进世界银行贷款;国务院颁布《关于投资体制近期改革方案》。

1986年,我国进行道路交通管理体制改革,这是新中国成立以来力度最大的改革。1986年颁布的《国务院关于改革道路交通管理体制的通知》,从原则上赋予了公安机关统一负责全国城乡道路交通管理的历史使命,体现了国务院决心推进我国道路交通统一管理的进程。此次改革的重心,是道路交通安全管理,国务院赋予公安机关道路交通管理的各项职责,都是围绕道路交通安全进行的。因此,1986年进行的道路交通管理体制改革的鲜明特点,在于基本实现了道路交通安全的统一管理,基本做到了道路交通安全路面执法主体的统一。经过这次改革,公路规划、公路建设、路政管理、运政管理、稽征管理等职责依然属于交通部门,甚至农机部门也还享有拖拉机的"委托"管理权。显然,严格来讲,1986年的道路交通管理体制改革,并没有实现我国道路交通统一管理的体制;实际实行的体制是道路交通安全由公安部门负责与道路交通管理的其他要件主要由交通部门负责的"两家共管"体制。

1986年12月,交通部、国家经济委员会印发《公路运输管理暂行条例》,规定凡从事公路运输的单位和个人,都必须遵守公路运输规则。公路运输在国家计划指导下,实行各地区、各行业、各部门多家经营的方针;坚持国营、集体、个体各种经济形式协调发展;保护正当竞争;各级交通主管部门是各级人民政府主管公路运输的行政管理机关。条例对货物运输管理、旅客运输管理、省际运输管理、公路运输管理费的征收和使用、监督检查和处罚都做了具体规定。

1987年10月,国务院发布《中华人民共和国公路管理条例》(以下简称《条例》),规定公路管理工作实行统一领导、分级管理原则。国道、省道由省、自治区、直辖市公路主管部门负责修建、养护和管理,县乡道路分别由县乡人民政府负责修建、养护和管理。《条例》还规定,公路养护实行专业养护与民工建勤养护相结合的制度。《条例》的颁布实施,有力地推动了全国公路管理工作,开创了依法管理公路工作的新局面。

1988年1月5日,交通部颁布《贷款修建高等级公路和大型公路桥梁、隧道收取车辆通行费的规定》,对贷款修建公路桥梁隧道的规模等给予了明确规定。1989年,召开了全国加快公路建设的第一次重要会议,较好地解决了我国高速公路建设问题,统一了思想认识,加快了高速公路建设的步伐。

1992年,交通部颁发《关于深化改革、扩大开放、加快交通发展的通知》,进一步明确了对外开放,积极引进外资的态度,扩大了外资引入规模。

1993年,交通部召开全国加快公路建设的第二次会议,掀起了公路建设的高潮。这次会议是在总结公路建设工作经验的基础之上,进一步明确了我国国道主干线发展规划、目标和方针政策,掀起了公路建设,特别是高速公路建设高潮,把我国公路建设推向快速发展的新阶段。

1993年,国务院在1987年3月发布的《企业债券管理暂行条例》的基础上,重新发布《企业债券管理条例》,部分省市为筹集公路建设资金,已先行先试发行公路建设债券。1996年10月9日,交通部颁布了《公路经营权有偿转让管理办法》。1997年党的十五大召开后,开始对公路的经营管理和产权制度进行了改革尝试。各级政府转变观念,紧密依靠人民群众,充分发挥了中央和地方的积极性。改革公路建设投融资体制和多渠道筹集资金,使投资主体呈多元化方向发展。

1994年2月25日,根据第八届全国人大一次会议审议通过的《关于国务院机构改革方案的决定》,国务院办公厅发布《关于印发交通部职能配置、内设机构和人员编制方案通知》。在此次改革中,明确了公路管理司的主要职责为:归口管理公路运输、基础设施建设和维护、管理工作。组织制订公路行业政策、规章、标准、规范和定额;参与制定公路行业规划、中长期计划和年度计划;培育管理公路运输和建设市场,负责大中型和部限额以上公路建设项目设计文件审查并监督协调项目实施,协调和审批国际、跨省线路,拟定、实施国际运输合作协议和运输协定,指导城乡客、货的衔接协调工作,负责公路运输价格管理,负责汽车维修市场、汽车驾驶学校和驾驶员培训工作的行业管理。此次改革的另一项重点,是理顺内外工作关系,分清了与公安部在道路交通管理中的有关职责分工,即按交通部负责交通经济、技术管理,公安部负责交通安全管理的原则,进一步划清两部职责和关系。

1995年5月,交通部制定并发布了《关于加快培育和发展道路运输市场的若干意见》,提出:在旅客运输市场方面,以城、乡客运站为依托,形成班车客运为主体、包车客运为辅助、旅游客运为专项、出租汽车客运相衔接,辐射广大城乡、干支线相连、长短途结合、分工合理的多层次客运线路网络,总体上达到人便于行的要求;在货物运输市场方面,以中心城市和运输主枢纽为龙头,重点港站、商品主要集散地和大型厂矿所在地为依托,各种形式货运站点为载体,连接城镇、辐射乡村,配置相应设施和服务功能,达到相互连通、信息灵敏且工作有效,并在总体上满足货畅其流;在道路运输市场经营主体方面,国有、集体、中外合资(合作)、私营、个体运输业户和各类运输车辆维修业务及运输代理业户是道路运输市场的经营主体，坚持以公有制运输企业为主导、各种经济成分经营者协调发展，且经营主体均可自由进出道路运输市场，并依法从事或停止经营活动；在道路运输法制建设方面，到20世纪末，力争初步形成以《中华人民共和国道路运输法》为龙头，一系列法规、规章相配套，作用清楚、层次分明且较为完备的道路运输法规体系。

1996年12月，交通部发布《道路零担货物运输管理办法》，调整行业管理部门与经营业户间的关系，明确经营业户的开业经济技术条件、审批程序。

1998年1月1日，《中华人民共和国公路法》（以下简称《公路法》）正式施行，对公路的养护、建设、市场管理进行全方位的规范，进一步明确了交通主管部门和公路管理机构建设、养护、管理公路的职责，完善了公路建设和养护制度。从此，公路管理有了自己的“龙头法”。

1998年3月10日，根据第九届全国人大一次会议审议通过的《关于国务院机构改革方案的决定》，交通部职能与机构进行调整。在此次调整中，公路司行业管理的职能得到加强，其职能明确为：拟定公路建设和道路运输的行业政策、规章和技术标准；维护公路建设和道路运输行业的平等竞争秩序；监督管理重点公路建设项目的实施，负责公路规费稽征、公路养护、路政、收费公路的管理，负责道路运输、汽车维修市场、汽车驾驶学校和驾驶员培训工作的行业管理；负责运价政策的拟定和汽车出入境运输管理。至此，交通部作为国务院主管全国公路行业的行政主管部门，公路司作为具体职能部门，公路管理的主体框架基本形成。交通部内部具有公路管理事权的司局主要有公路司、规划司、财务司、体法司。

1998年6月20日，交通部部长黄镇东在全国加快公路建设工作会议上的讲话中，明确指出必须加快公路基础设施建设，对深化公路管理体制改革提出了明确要求，指出改革主要任务包括：一是改革管理机构，建立一支高素质的专业化管理队伍。依据《公路法》，公路管理机构从中央到地方按四级设置，每一级设立一个公路管理机构，在政府交通主管部门的领导下，行使本辖区内公路的规划、建设、养护、路政和收费公路等有关行政管理职责，同时规范名称。各级公路管理机构在改革中，都要政企分开、事企分开，转变职能，精简机构，压缩编制，加强对公路管理人员的培训，严格按照标准录用公路管理人员，建立起精简高效、运转协调的管理机构，培养一支高素质的管理队伍。二是建立符合现代企业制度的公路经营管理体制。高速公路的经营管理要按照现代企业制度的要求，组建高速公路经营公司，实行企业化管理。高速公路的路政管理职责,由省级交通主管部门或授权省级公路管理机构行使。高速公路经营公司也要减员增效,避免人员膨胀。高速公路的收费站点要规范合理设置,避免多次收费。三是改革养护体制,提高养护质量和效率。当前主要解决事企分开,将养护向社会化、专业化、机械化方向转变,推行养护工程费制度,压缩养护队伍等四方面问题。四是改革、完善公路建设市场管理。五是严格审批,规范收费公路的管理。六要加强公路法规体系建设。

第三阶段公路管理体制发展历程见图3-2。

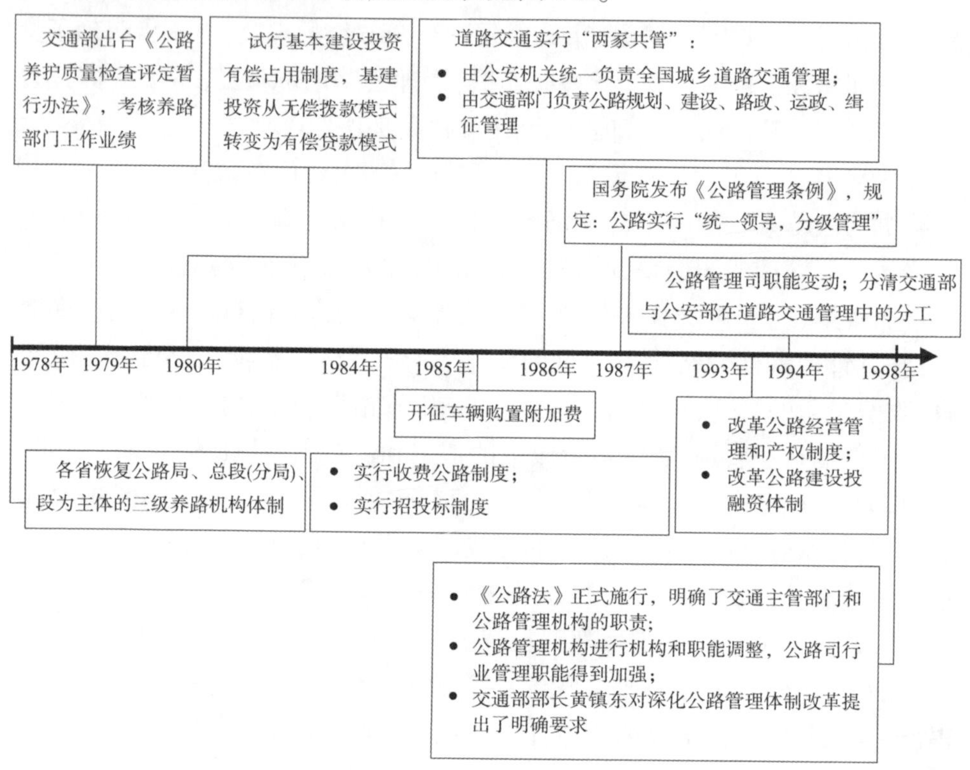

图3-2 第三阶段公路管理体制发展历程脉络图

四 建立新时代的公路管理体制(1999年至今)

1999年,改革开放来到第21年,公路得到了飞速的发展,高速公路从无到有,公路里程快速增长,公路等级不断提高。为适应国家经济和建设的快速发展,各省、市、区都在根据自身的实际情况调整公路管理体制。特别是近年来,为了赶上公路建设不断加快的步伐,很多省把公路管理体制下放到地方,这样有利于调动地方政府建设公路的积极性,促进加快公路建设目标的实现。由此逐渐形成了以条块结合为主,有的侧重于条条管理、有的侧重于块块管理的多种形式、多种体制并存的局面。

但随着国省道主干线公路网的初步形成,管理体制不统一的弊端日益暴露。各省分散调整,使管理体制难以统一,造成了管理的混乱,管理机构的名称五花八门。重建轻养的倾向越来越严重,一些地方的重要国省干线在下放后,出现了路况的明显下滑,影响了干线公路的畅通。

公路有其自身的特殊性。公路的公益性、先行性和基础设施的地位和特点,特别是国省主干线公路网,要求建立统一的管理体制,才能保证国省干线公路网的畅通,保证其发挥整体效益。

1999 年,在重庆召开全国公路工作会议,总结了多年来公路管理体制的经验和教训,明确了今后一个时期公路工作面临的新形势,要求各地公路交通部门切实加强公路行业管理,推进公路管理体制改革,合理设置公路管理机构,科学划分职能。县级以下地方人民政府,每级设立一个公路管理机构,在政府交通主管部门的领导下,行使本辖区内公路的规划、建设、养护、路政和收费公路等有关行政管理职责。省级公路管理机构的设置应采取一厅一局的模式,即省交通厅只设置一个公路管理机构(即省公路局),并按权、责一致的原则,省厅要将该管的管好,把该放的下放给省公路局管理。公路管理机构要在省厅的领导下,充分发挥管理作用,完成公路建设、养护、管理等各项工作。高速公路作为整体路网的一部分,应纳入整体路网进行统一管理。这次会议对理顺公路管理体制,改变长期以来形成的条块分割、机构重叠、各自为政、权责不明的弊病,并为公路的跨世纪持续发展奠定了坚实的基础。

2001 年 3 月,交通部批准成立首家跨省市高速公路快运企业——新国线运输有限公司。

2001 年 6 月,交通部制定了《关于道路运输业结构调整的若干意见》,提出结构调整的指导思想为:提高集约化、规模化经营水平和组织化程度,充分发挥道路运输的经营优势,提高竞争能力和运输效率,实现产业结构优化和产品结构升级;提出结构调整的目标为:到 2010 年初步形成以安全、优质、高效为特征,有效供给与需求相适应的,与其他运输方式发展相协调的道路运输体系;提出结构调整的重点内容包括企业组织结构调整、运力结构调整、经营结构调整和运输组织结构调整。

2001年11月，交通部印发《道路运输业发展规划纲要(2001—2010)》，提出未来十年道路运输业发展的指导方针为：以人为本，优质服务；调整结构，加快发展；依法治运，规范市场；依靠科技，安全高效。

2002年，交通部成立西部地区通县公路建设办公室，具体负责指导西部地区通县公路建设工作，制定西部地区通县公路建设技术政策，协调解决建设过程中有关重大事项等。

2004年4月，国务院发布《中华人民共和国道路运输条例》，以规范道路运输业的发展，促进依法治运。

2005年3月，交通部发布《道路旅客运输及客运站管理规定》，从道路客运经营许可、客运车辆管理、客运经营管理、客运站经营管理等方面对道路旅客运输进行规范。

2005年4月，交通部发布《国际道路运输管理规定》，以规范国际道路运输经营活动，维护国际道路运输市场秩序，促进国际道路运输业的发展。

2005年6月，交通部发布《道路货物运输及站场管理规定》，以规范道路货物运输和道路货物运输站场经营活动，维护道路货物运输市场秩序，保障道路货物运输安全。

2006年，交通部决定在公路司增设农村公路处，以进一步加强农村公路建设管理工作，全面扎实推进农村公路发展。新设立的农村公路处主要职责是：组织拟定农村公路建设的行业政策和法规并监督实施，参与拟定农村公路养护管理、农村客运场站建设方面的政策规章和技术标准，归口管理农村公路建设和农村客运场站建设工作，监督管理中央投资计划内的农村公路建设、渡口改造及渡改桥工程、农村公路养护工程和农村客运场站建设，监督管理农村公路建设市场，调查处理涉及农村公路建设工作中出现的投诉举报问题。同时，负责组织农村公路的宣传、经验交流和技术培训工作，组织推广农村公路建设和养护新技术、新材料、新工艺，并承担交通部农村公路建设领导小组办公室的日常工作等。

2009年，根据中共第十七届二中全会通过的《关于深化行政管理体制改革的意见》，国务院办公厅以国办发〔2009〕18号发布《关于印发交通运输部主要职责、内设机构和人员编制规定的通知》，明确了交通运输部的职责调整，其中，与公路行业管理相关的职责调整主要包括：拆分公路司职能，成立公路局，将道路运输管理的职能划入新成立的道路运输司。此次改革集中体现了加强综合交通协调和专业化管理。调整后，与公路行业关系密切的几个主要业务司局主要包括公路局、道路运输司、政策法规司、综合规划司、安全监督司、科技司，其中公路局和道路运输司的职责规定如下：

（1）公路局：承担公路建设市场监管工作，拟订公路建设、维护、路政、运营的相关政策、制度和技术标准并监督实施；承担国家高速公路及重要干线路网运行监测和协调；承担国家重点公路工程设计的审批、施工许可、实施监督和竣工验收工作；承担公路标志标线的管理工作，指导农村公路的建设工作，起草公路有关规费政策并监督实施。

（2）道路运输司（出租汽车行业指导办公室）：承担城乡道路运输市场监管，指导城市客运管理，拟订相关政策、制度和标准并监督实施，承担运输线路、营运车辆、枢纽、运输场站等管理工作；承担车辆维修、营运车辆综合性能检测、机动车驾驶员培训机构和驾驶员培训管理工作；承担公共汽车、城市地铁和轨道交通运营、出租汽车、汽车租赁等的指导工作；承担跨省客运、汽车出入境运输管理；按规定承担物流市场有关管理工作。

2012 年，交通运输部成立路网监测与应急处置中心，专职从事路网运行监测、应急处置调度和出行信息服务工作。

2016 年，中央办公厅、国务院办公厅联合印发《关于开展承担行政职能事业单位改革试点的指导意见》（中办发〔2016〕19 号），提出要推进承担行政职能事业单位改革，根据文件精神，省、市、县三级公路管理和运输管理机构均为改革的对象。2016 年，中央编办印发了《中央编办关于开展地方承担行政职能事业单位改革试点工作的有关问题意见的通知》（中央编办〔2016〕19 号），确定江苏、安徽、广东、宁夏四省（自治区）作为承担行政职能事业单位改革试点的省级行政区，同时确定交通运输部、水利部、环境保护部为中央试点部门。2017 年，中央编办、交通运输部印发《关于地方交通运输行业承担行政职能事业单位改革有关问题的意见》（中央编办发〔2017〕193 号），提出，要坚持政事分开、事企分开的原则，在全面清理职能的基础上，将行政决策、行政许可、行政裁决等职责划归政府职能部门，原则上不得设立交通运输主管部门直属的独立行政管理机构。受此影响，原承担公路行政管理职能的省、市、县公路管理机构将剥离行政职能，转变为公益服务性事业单位。2017—2018 年，江苏、安徽、广东、宁夏等四个试点省份，相继撤销了省公路局、运输管理局等行政职能事业单位，将行政管理职责上划至交通运输主管部门，建立公益类事业单位。江苏省撤销省公路局，建立省交通运输厅公路事业发展中心；安徽省在撤销省公路管理局、省道路运输管理局（省客运出租车管理办公室）后，在省交通运输厅设立公路处，并且设立省交通运输综合执法监督局等机构；广东省撤销省公路局，建立公路事务中心；宁夏回族自治区将原宁夏公路管理局、自治区道路运输管理局等机构承担的行政许可事项回归交通运输厅，将其路政、运政职能整合到宁夏交通运输综合执法监督局。

第四阶段公路管理体制发展历程脉络见图 3-3。

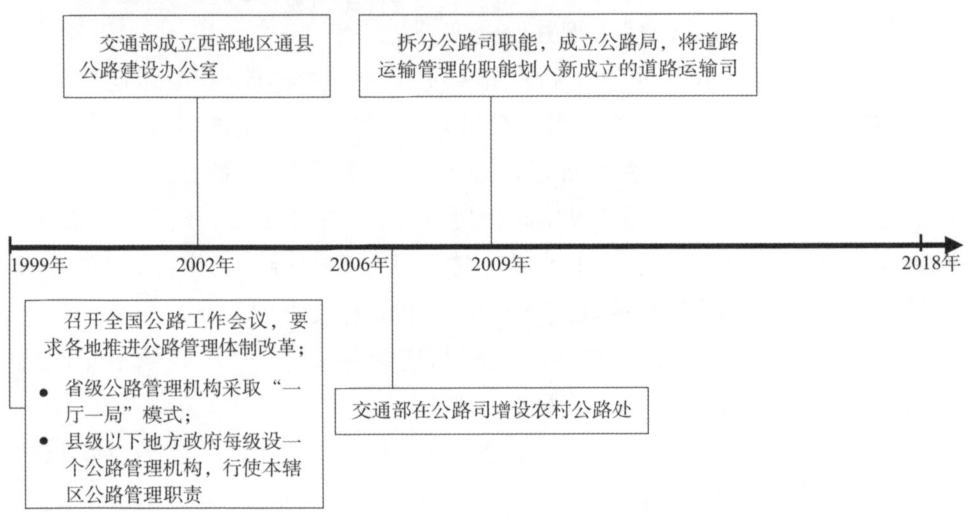

图 3-3　第四阶段公路管理体制发展历程脉络图

第二节　国外公路行业管理体制情况

一　美国

（一）公路管理体制改革历程

美国作为西方发达国家，实行市场经济体制，其公路管理体制的发展与其经济体制息息相关，由最初的分散管理逐步走向制度化、法制化的集中管理。

1. 第一阶段(19 世纪末至第二次世界大战结束时期：公路管理体制初步形成)

19 世纪末到第二次世界大战结束时期，随着公路的产生，逐步形成了公路管理体制。但此时的公路管理机构大多依托于其他的部门代管，公路管理主要以普及公路和养护公路为主。

1893 年 1 月，美国众参两院成立道路调查办公室，属农业部领导，这便是美国联邦公路管理局的前身，公路所需资金应由所在州提供。

1899 年，更名为公路调查办公室。

1905 年 3 月 3 日，公路调查办公室更名为公路办公室。

1914 年，美国各州公路联合协会成立。

1915 年，公路办公室更名为公路和乡村工程办公室。

1916 年 9 月 1 日，与公路建设相适应的各项规章制度正式出台生效。

1918 年，公路及乡村工程办公室更名为公路局。

1939 年 7 月 1 日，公路局更名为公路管理局。

1941 年，罗斯福总统批准成立州际高速公路建设委员会。

1943 年 12 月 20 日，议会批准了修建全国高速公路网计划。

美国公路管理体制第一阶段发展历程见图 3-4。

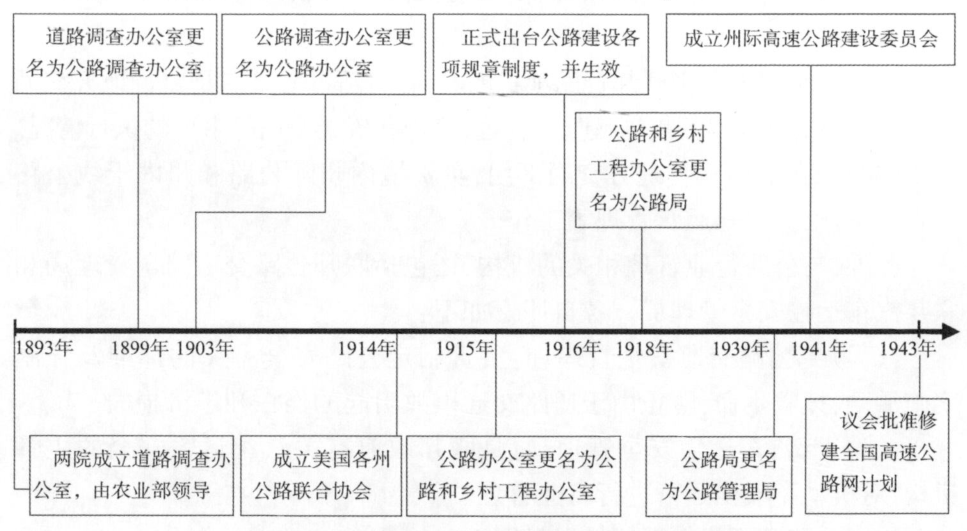

图 3-4　美国公路管理体制第一阶段发展历程脉络图

2. 第二阶段(第二次世界大战结束至今:公路管理体制不断完善)

第二次世界大战之后到20世纪80年代期间,随着公路网络以及高速公路网络的基本形成,公路管理体制也在随着公路发展过程中出现的新问题而不断发展。在这一时期,美国基本完成了运输方式的统一归口管理,设立运输部及独立的公路管理部门。1967年4月1日,美国正式成立美国联邦公路管理局,隶属运输部,加强了公路管理。出台了各项法律法规,完善了各项管理制度,使公路管理制度化、法制化。公路管理机构设置从分散走向集中,是这一时期的趋势。

(二)公路管理体制现状

1. 管理机构

美国联邦政府的公路主管部门主要为联邦公路管理局。联邦公路管理局下设5个资源中心、3个联邦属地公路办事处,52个州办事处(50个州、华盛顿特区与波多黎各自治邦各设1个)。此外,美国的各州设有州运输部。各自职责如下:

(1)联邦公路管理局:负责全国州际高速公路及国家公路系统的规划,制定和实施联邦公路资助计划、行业标准规范等工作。

(2)资源中心:负责为州办事处提供技术支持与项目援助。

(3)属地公路办事处:负责管理东、中及西部地区森林道路、公园道路、紧急避难通道、国防通道、印第安保留地道路,以及联邦资助项目的紧急救援等具体事项。

(4)州办事处:负责联邦资助项目的具体监督管理,重点是监督地方交通部门对联邦资助公路的规划、建设、管理、养护和资金使用等事项的执行情况。

(5)州运输部:作为地方交通部门,负责境内州际公路和州内干线公路的具体建设、养护和运营管理等工作。

此外,与公路行业管理相关的机构,还包括联邦公路交通安全管理局和联邦汽车运输安全管理局。各自职责如下:

(6)联邦公路交通安全管理局:负责制定公路安全有关的标准及强制实施活动,拯救生命,防止由于道路交通事故引起的伤亡和经济损失。

(7)联邦汽车运输安全管理局:是联邦政府有关汽车运输安全的主管机构,对机动车安全运营进行行业管理。

美国公路管理机构运行情况见图3-5。

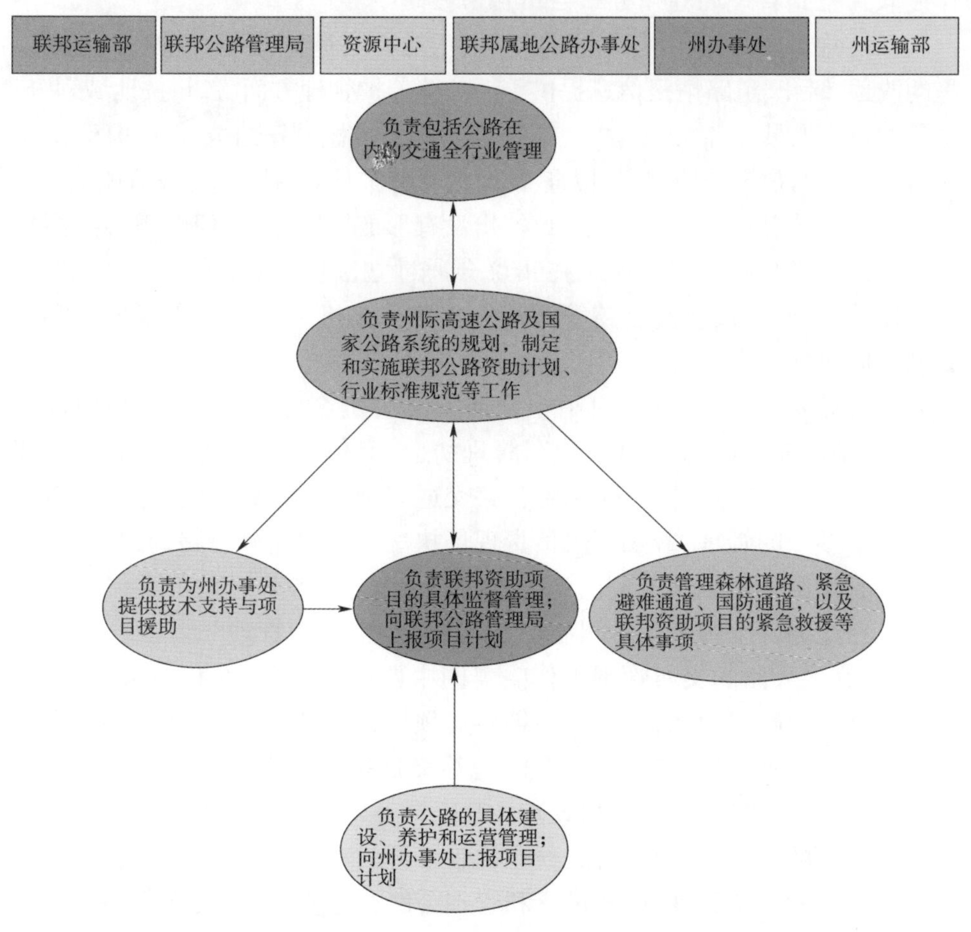

图 3-5　美国公路管理机构运行示意图

2. 职责履行

美国联邦政府通过一系列的联邦资助公路法令，虽不直接介入各州的公路建设、养护、路政管理等活动，但借助于资助金的方式，对各州的公路建设进行宏观调控和管理。美国国家公路的建设资金由联邦公路信托基金支付 90%、州政府支付 10%。联邦公路信托基金的使用程序是：各州运输部将项目计划通过州办事处上报联邦公路管理局；联邦公路管理局审核通过后，根据法规确定资助份额、安排资金。

在建设管理方面，由联邦政府和州政府共同建设。建成后，联邦政府将公路管理事务下放到州层级，但养护和运营管理的支出责任还在联邦政府。联邦公路管理局通过签订合同合约等方式，委托州运输部具体负责相关工作。联邦公路管理局驻州办事处负责考核。

在运营管理方面,由各州公路局负责,对公路进行管理、养护、服务区设施的改善、绿化、道路情报信息提供等。公路养护管理方面,各州按地域划分,由各种技术人员及各大、中、小型相结合的成套机械设备组成养护组织,除了对所辖路段的常规养护、路面检查,同时兼管养护计划、技术、财务等项工作。

在收费公路的运营管理方面,各州没有形成固定模式,但有很多共同之处。各州收费公路的建设都是在州议会通过立法程序后,单独成立一个收费公路委员会,下设收费公路管理局。收费公路机构是一种介于公共和半公共之间机构。

在交通安全管理方面,由国家交通安全委员会、运输部的 3 个内设机构、警察部门和非政府部门机动车管理协会,具体承担公路交通的相关职责。其职责分工特点是:国会制定公路交通安全法,道路交通管理部门负责经济技术领域的管理,警察部门负责现场执法。按照州际公路的建设、维护和运行管理由各州分别负责的地方分权体制,美国各州运输部具体负责各地的道路交通安全管理。各州制定了"公路安全计划管理"程序,各部门分工协作,完成公路的交通管理工作。美国中西部、南部等面积较大的 20 多个州建立了公路巡逻队,有的属州警察局领导,有的属州运输部领导。交通警察在高速公路上执法的主要职能,包括交通指挥和控制、求援服务、交通事故调查、执行交通法规、事故处理。从交通运输部门与警察部门在交通安全管理方面的职责分工来看,交通运输管理部门在其中起主导作用,负责制定有关标准和规章制度,以及设置和管理公路交通安全设施;交通警察负责按照交通法规执行现场管理,特别是交通执法责任。

(三)公路管理体制特点

美国公路管理体制的主要特点是责权清晰,因此能够保证中央财政事权落实到位,也发挥了地方的优势和积极性。这比较符合大国公路管理的需求和特点。

日本

(一)公路管理体制改革历程及现状

第二次世界大战以后,日本的交通运输管理体制历经多次变革,总的变革趋势体现了由分散管理、各自为政向集中统一和综合管理的方向发展的改革取向。目前，日本交通运输实行纵横结合、以横为主的管理体制，从总体上加强对全国交通运输的规划、建设和管理。

1. 第一阶段（第二次世界大战之后至2001年：分散管理）

2001年以前，日本与公路管理有关的2个中央政府机构是运输省和建设省。公路建设和管理的主要机构是建设省，日本的公路网在建设省的集中领导下，统一规划并按照相应的标准分类建设。集中统一规划体制，使日本公路网的各级各类公路紧密衔接，充分发挥路网的整体功能，并使公路网与全国高速化的综合交通体系有机联系协调发展。公路网规划的内容一般都以法律的形式规定下来，保证其效力。

建设省与运输省在公路规划、建设、维护方面，有着密切的横向合作关系，如公路的整体规划和实施需会签运输省，收费公路的收费标准及期限也需运输省同意。其公路管理的主要机构建设省示意图见图3-6。建设省和运输省在公路行业管理中的相关职责如下。

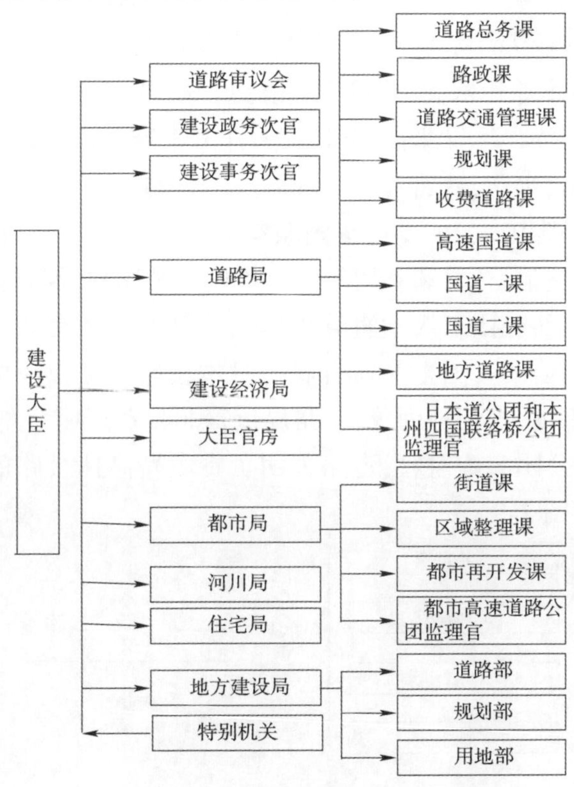

图3-6　日本建设省公路管理主要机构示意图

建设省:负责日本公路的规划、建设和养护管理,下设主管公路的机构,即道路局和都市局的部分科室。建设省下属机构为设在全国各地 8 个负责公路建设和养护的地方分局,还包括直接管辖的 4 个公路建设公团;各地方则设有一些公路建设公社(图 3-7)。

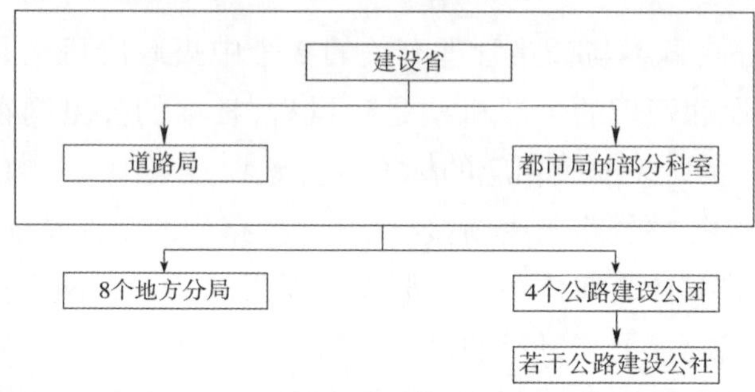

图 3-7　日本建设省公路管理机构示意图

运输省:负责全国陆、海、空运输业务的管理,统一领导城乡交通建设事业,并负责运输政策及法规的制定和监督执行,以及交通设施的规划和建设,资金的筹措、分配和使用管理。

2. 第二阶段(2001 年至今:集中统一管理)

2001 年,日本原运输省、建设省、北海道开发厅和国土厅合并成立了国土交通省(图 3-8)。目前,国土交通省为日本统管交通运输的中央部门,统一对全国的公路、水路、铁路、民航等进行综合管理。国土交通省在内阁 12 个省中的规模最为庞大,主要负责国家有关土木、建筑、国内外海陆空运输事务管理、国土整治、开发和利用等。日本国内公路建设与管理实行国土交通省、公路局、道路公团三级垂直管理体制。日本国土交通省下设公路局,公路局下设道路公团。国土交通省履行日本公路中央事权中的财政事权,负责预算计划审批、投资补助等;公路局负责非收费高速公路和直辖国道的管理,并对道路公团实施监管;道路公团负责收费高速公路的具体收费、养护与运营工作(图 3-9)。

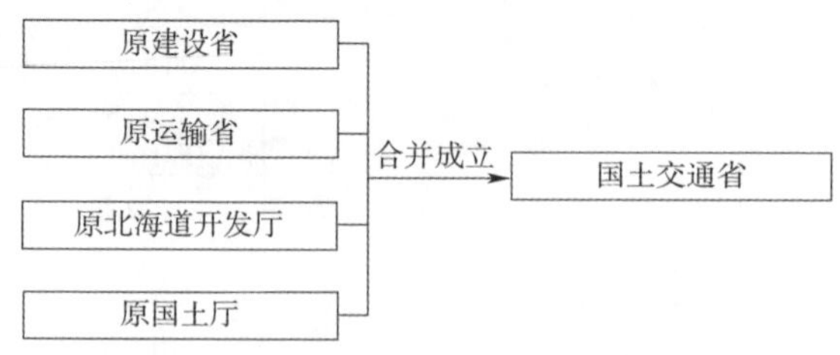

图 3-8　2001 年日本公路管理相关机构改革示意图

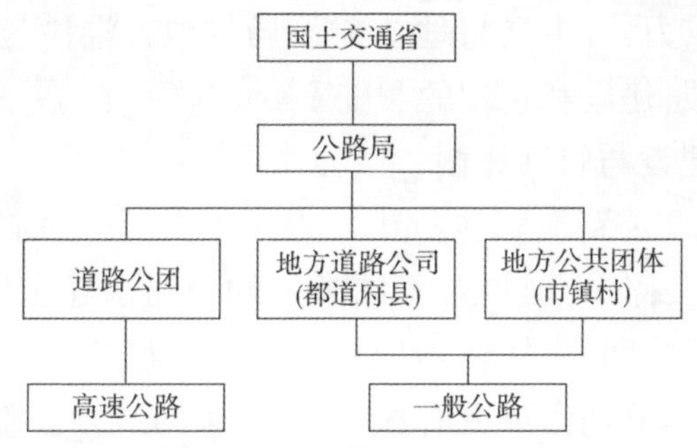

图 3-9　日本公路三级垂直管理体制示意图

2005 年,由于公路规模和债务不断扩大,且道路公团运营效率较低、难以持续,日本将全国高速公路的收费截止期限统一调整为 2050 年底,并实行统收统支;将道路公团拆分为 6 家高速公路管理公司,负责高速公路的收费、养护和运营(图 3-10);设立日本高速公路保有及债务偿还机构,承接公路产权及道路公团债务,负责债务偿还。国土交通省负责高速公路建设规划,批准各公司建设任务,批准偿债机构与各高速公路公司签订的特许协议,对 6 家公司的还债落实情况进行监督。

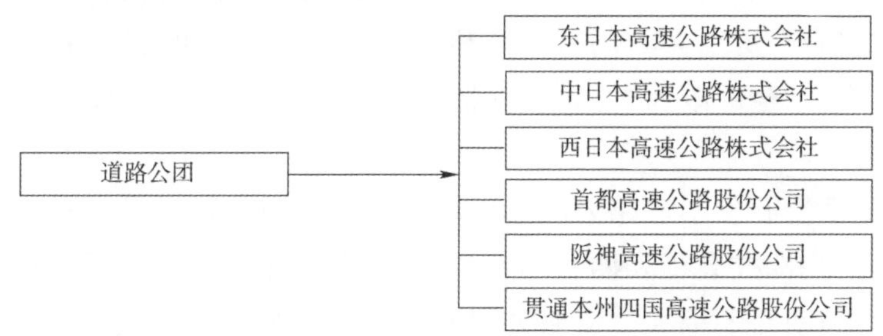

图 3-10　2005 年日本公路管理相关机构改革示意图

1)中央一级管理机构设置及职能

日本公路交通管理机构系按政府级别分级设置,主要分为中央政府管理机构和地方政府管理机构。中央政府管理机构即国土交通省,具体承担公路交通管理和建设职能的部门是公路局。公路局下设 8 个科,即总务科、路政科、公路交通管理科、规划科、收费公路科、高速公路国道科、一般国道科及地方公路和环境科。

在国土交通省中,公路局作为国家公路管理的职能部门,其主要职责就是制定政策、法规,检查监督,并协调各都道府县和道路公团管理国家公路。近年来,公路局为了提高对公路建设与管理的监控力度,在全国又下设了 8 个地方建设局,并在建设局之下组建了众多的相关事务所及办事处。后来为扩大地方自治权力,日本又将地方建设局与地方港湾建设局合并为地方整备局,但有关公路建设和管理的职能不变。

2)地方公路建设与管理体制

日本公路按照《公路法》的规定,分为三个类别,分别是高速公路、都道府县公路、市镇村公路。在日本,不同类别的公路承建主体不同,其中承建高速公路的是道路公团,由按照地域划分的六大股份公司组成。都道府县公路、市镇村公路则分别由都道府县、市镇村级的地方公路公司或地方公共团体承建和管理。

除此之外,参与交通管理的机构还包括警示厅、属地警察、日本汽车联盟、属地消防急救队。

(1)道路公团。

日本道路公团是高速公路交通的主管单位,警视厅和属地警察是参加交通管理的单位。日本汽车联盟、属地消防急救队受道路公团委托也参与交通管理,提供有偿服务。日本的道路公团始建于20世纪50年代,是目前全面负责日本高速公路建设与管理的法人机构。道路公团在发展的初期,是由日本政府出资组建的国有性质机构。近年来,伴随着道路公团民营化进程的加快,已全部改为隶属政府(国土交通省)的"半官半民"性质的财团法人。

目前,已将原日本道路公团按地域组建为东日本高速公路株式会社、中日本高速公路株式会社和西日本高速公路株式会社。将首都高速、阪神高速、本州四国联络团等3家道路公团改建为首都高速公路股份公司、阪神高速公路股份公司以及贯通本州四国高速公路股份公司。

(2)都道府县级公路公司。

都道府县公路建设公司是承担本辖区内除高速公路外的所有公路建设与管理工作。主要职责是全面负责省级一般收费公路的建设与管理,涉及国家级公路管理的相关事宜,须由地方行政长官与国土交通省大臣协商批准后方可进行。这类地方公路公司主要由各都道府县级行政机构管理,相当于我国的省级管理。

(3)市镇村级公共团体。

市镇村公共团体是专门负责都道府县公路、市镇村内部一般公路,及收费道桥、渡口等设施的建设与管理的地方性机构。这类地方公共团体主要由市镇村级行政机构管理,相当于我国的县级管理。

3)公路交通管理机构的职能

(1)中央政府管理机构的职能。

中央政府管理机构即国土交通省,其中与公路交通基础设施资产管理有关的具体职能部门为公路局。

公路局的职能是全面负责日本公路的规划、建设和养护管理,重点是干线公路网的规划、建设和养护管理。具体职能由下设的各部门负责。

(2)地方政府管理机构的职能。

地方政府管理机构主要指都道府县一级的管理机构,一般为这一级政府中的公共工程局、国土开发局或基础设施局,其主要职能是负责域内公路的规划、建设、养护和管理。具体工作由下设的各部门负责,一般包括规划科、征地科、路政科、公路建设科和公路养护科等部门。

(3)道路公团的职能。

道路公团主要指日本道路公团、首都高速道路公团、阪神高速道路公团和本州四国联络桥公团。日本道路公团是日本收费公路的综合管理机构,负责全国收费公路包括城际高速公路和一般收费公路的新建、改建、维护、修缮、收费及其他方面的管理。

(二)公路管理体制特点

日本现行公路管理体制的主要特点是收费高速公路和其他公路分别由不同机构负责管理,权责明确。这种体制有利于加强债务监管,防控风险;其地域面积和公路规模较小,而且高速公路网已经建成。其有关统一设定高速公路收费截止期限,实行全国新旧项目统收统支的改革措施,有利于促进全国收费公路统筹协调发展,也有利于提高社会认同。

三 英国

(一)公路管理体制改革历程及现状

1.总体情况

英国公路中央事权中的财政支出责任由中央政府履行,公路建设、养护和运行管理由中央政府通过向社会及沿线政府购买服务的方式履行。

英国公路采用英国运输部、中央直属公路管理机构、地区直属公路分局的三级垂直管理体制。各机构职责如下：

英国运输部：负责国家公路网（包括高速公路和重要干线公路）的建设、运营和养护管理；承担建设、养护资金的主要支出责任。

中央直属公路管理机构：具体负责国家公路网的规划、建设、养护等相关管理工作；编制建设和养护资金计划，报国会审批后，支付给地区直属公路分局。

地区直属公路分局：中央直属公路管理机构下设的8个地区直属公路分局，具体负责所辖地区干线公路的建设、管理和养护工作。其中，公路建设通过招标方式，向社会购买服务；养护由地区直属公路分局通过合同协议书的形式，分段委托给所经的当地政府实施，地区直属公路分局负责监管养护工作质量、支付养护费用。

2. 现行管理机构

2002年6月，英国实行"大部制"改革，将环境保护、交通运输管理以及地方事务三个部合并，成立了运输部，由运输国务大臣领导，专门负责交通运输事务，并主管健康与安全事务，包括公路运输、铁路运输、民航运输和海洋运输的安全事务。英国运输部是道路、水路、铁路、民航等多种交通运输方式的主管部门。此外，"大部制"改革以后，政府行政管理体制的架构有了较大改变，主要体现在实行"决策"与"执行"相分离的行政管理体制。

英国运输部是英国道路交通管理工作的主管部门。在道路交通方面，有关公路设施的建设管理、道路运输、交通安全、驾驶员和车辆许可、机动车检测、驾驶标准、新车认证等方面的职责，都归属英国运输部。

1988年，英国政府在各个部委之外设立若干"执行局"，专司行政执行职能，负责向社会提供高质量的服务。改革后，英国运输部内部只保留一些核心部门，负责有关道路交通的政策制定、政策执行监督以及财政资助等事务，共有6个机构，其中公路工程及政策局、公路政策和研究局、公路项目管理局、伦敦地区管理局共4个机构负责公路基础设施的规划、政策研究以及重点地区、重点项目的管理。公路运输与车辆安全局负责公路交通安全管理工作。

有关交通运输方面的具体事务，大都通过下面的"执行局"和非政府部门的"公共团体"来完成。"执行局"本身仍属于政府部门，其雇员保留公务员身份，执行公务员工资，但资金来源却不完全由政府财政提供。英国运输部现有这类"执行局"和"公共团体"20余个，其中道路交通运输方面的"执

行局”有5个,具体职能如下:

公路管理及养护局:负责高速公路和干线公路设施及其交通的管理、运营和改善等。

驾驶标准局:负责驾驶标准制定、驾驶员考试,驾驶员教练登记注册、驾驶员培训的监督等。

驾驶员和车辆许可局:负责驾驶执照发放、车辆许可登记、车辆税征收等。

车辆认证局:按照欧共体制定的车辆安全、环保标准、为汽车生产厂商提供认证服务等。

车辆检测局:负责车辆的法定检测、路边或定点检测、特殊检测、调查车辆事故和故障。

在公路交通安全管理方面,英国运输部与警察部门分工协作共同管理。英国主管警察事务的最高行政当局是英国内务部,下设警察总局,但总局并不负责交通管理。交通警察的主管部门是“警官协会”,该协会是全国性的警察组织,成员包括全国各地的警察机构。协会下设交通委员会,专门负责交通执法工作。随着计算机自动控制系统的不断发展和完善,公路管理部门对道路交通安全的参与程度越来越广泛和深入。公路管理部门依靠高科技优势,承担了大量交通技术设施提供、交通流量控制、交通状况预测、交通数据采集等战略性任务,而交警主要执行纠正违章、限速、恶劣环境下的交通管制以及少量的公路巡逻等战术性任务。公路管理部门与交警共同承担了道路交通安全管理任务,交警只是其中的一部分。

(二)公路管理体制特点

英国公路管理体制的主要特点是采用三级垂直管理体制,权责清晰,有利于事权责任落实、保证政令畅通。而且,由运输部承担国家公路建设、养护资金的主要支出责任,并由中央直属公路管理机构及其地区直属公路分局负责具体安排使用的模式,有利于保证中央资金的正确、规范和高效使用。

四 经验借鉴及启示

(一)实行“大部制”横向格局,有利于统一规划、有序发展

实行“大部制”的横向部门格局,有利于相近或相关业务部门之间的协

调和政府资源合理有效地使用。一方面有利于政府关系的理顺,加强各部门之间的协调沟通、政府资源的有效利用、各部门政策的整合;另一方面,政府机构和人员更加精简,促进政府职能不断向社会转移和向地方下放。如国外往往把公路、铁路、水路、航空等各种运输方式的管理放在一个部门,设置大的运输部。近几年,考虑到交通与环保、建设、住房、地区发展等行业存在着密切关系,又进行了更大规模的合并。从国外的管理实践看,设立统一管理运输业的行政机构,有利于政府对运输方式的生产和建设进行统一规划、组织、协调和强化管理效能,达到以最小的投资发展高速、安全、高效和便利的交通运输的要求。

(二)实行决策与执行相分离的纵向机构格局,有利于保证政府行政管理的公平和效率

英国将众多的行政执行、公共产品和服务的提供等集体操作性事务转移到了"执行局"身上。而美国作为联邦制的国家,联邦政府部门主要负责政策制定和政策实施的接纳度,将行政执行、公共产品和服务的提供交给州政府和地方政府或民间协会来承担。

(三)中央和地方职责分工明确,有利于各自积极性的充分发挥

在公路管理方面,英国公路总局代表运输部负责全国6500英里的高速公路和国家干线公路网的运营、管理和养护工作,尽管该网络承担了全国1/3的旅客运输量和一半以上的货物运输量,但里程只占全国公路的4%,其他公路则全部由地方当局管理。

第四章

水路管理体制改革

第一节 我国水运行业管理体制改革历程

一 第一阶段(计划经济阶段,1950—1982 年)

我国现行的水运管理体制是在计划经济条件下逐步形成的。新中国成立初期,水运管理的显著特征是高度集中和政企合一。

在部机关机构方面,1950 年,交通部包括办公厅、计划司、人事局、财务局、供应局、公路总局、航务总局、交通医院和托儿所,同时还有顾问室和参事室。1958 年,撤销航务工程总局,职能工作并入河海总局。1970 年,成立铁道、交通、邮电建立交通部革命委员会。部机关设立水运局、水运工业局、水运基本建设局,以及船检港监局,对外仍称中华人民共和国船舶检验局和中华人民共和国港务监督局。

在港口管理方面,新中国成立后,中国港口进行了多次体制改革,历经“两放、两收”和“双重领导”。“两放”是指 1958 年大跃进期间和 1968 年“文化大革命”动乱期间港口两度下放地方。“两收”,一是指 1964 年中央强调几种统一,各港口重新上收中央、恢复港航一体、区域管理体制;二是指 1973 年,周恩来总理发出“三年改变港口面貌”的号召,港口再度收回中央,实行集中统一领导。

在航标和港口公安方面,1953 年,根据国家发展海上运输的需要,将交通部所管沿海航标及管理航标的海务机构移交海军司令部。1971 年,成立交通部公安局,负责铁路、水运的公安保卫工作。根据交通部公安局关于在全国重要港口成立公安消防队的文件要求,1973 年,沿海 14 个开放港口陆续建立了公安消防队。

在航务管理体制方面,1950 年,交通部设立航务总局和国营轮船总公司,负责全国的航务建设、管理和航运工作,实行统一计划运输。交通部直接领导和组织水运生产。在沿海主要港口及长江设置航务局,成立国营轮船总公司。1950 年,成立港务局,初步统一港务、港监管理体制,成立大连、天津、青岛、上海、广州 5 个区港务局及其分局或办事处。港务局统一管理航道、码头、仓库、引水、规费征收、船舶登记与检查等。1951 年,交通部撤销航务总局和中国人民轮船总公司(前身为国营轮船总公司),分设海运总局、河运总局和航道工程总局,实行沿海与内河分区统一管理的体制。

长航系统方面,1964 年,由中央各部试办的第一批工业、交通托拉斯共有 12 个,其中包括交通部所属长江航运公司。初始长江航运公司体制机构设置如图 4-1,并制定了《部和长江航运公司职权划分的规定》。

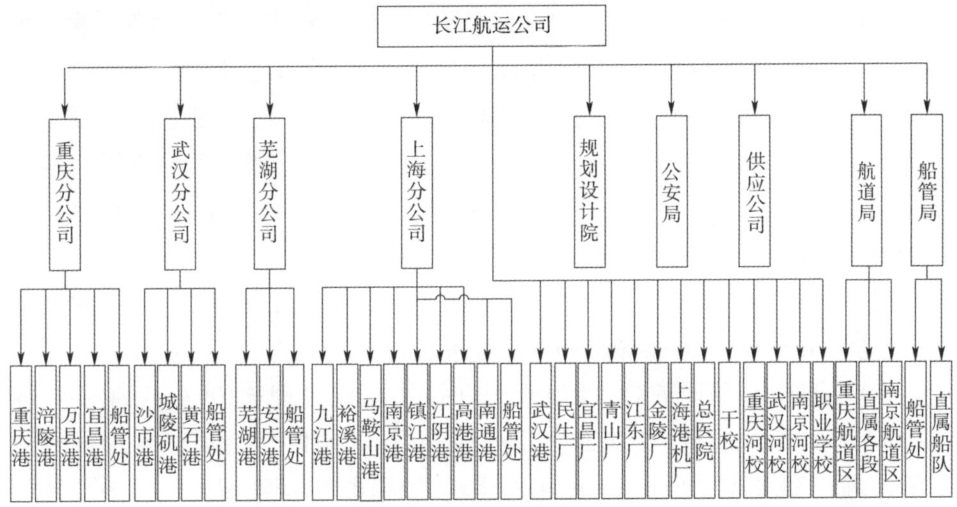

图 4-1　长江航运公路体制机构设置图(1965 年)

航运公司方面,1951 年交通部直属国营轮船总公司更名为中国人民轮船总公司。1958 年 8 月,交通部将水运总局国际业务处改为远洋运输局,对外称为远洋运输总公司,承担远洋运输职责。1951 年在天津成立中波海运公司。1972 年,重新组建中国远洋运输总公司。1974 年恢复远洋运输局,三个牌子包括远洋运输局、中国远洋运输总公司和中国外轮代理总公司。对政企合一的航运企业实行分类管理,一部分由交通部直接领导,一部分由地方交通主管部门领导。各地方辖区内的航运企业则由当地交通主管部门通过内设机构或专门机构进行管理。此时的水运管理主要服务于国营航运企业的生产,通过计划、调度等手段,促进我国水路运输快速恢复。

二 第二阶段(管理改革阶段,1982—2009年)

部机构改革方面,水运管理体制先后经历多次改革:在1982年,为加强内河航运管理,将交通部水运局的内河工作划出,组建内河运输管理局;沿海及远洋运输则由海洋运输管理局负责。在1988年,打破以专业划分部门的格局,强化政策法规、规划、计划、运输等条状职能。内河运输管理局等专业局被撤销,取而代之的是运输管理司,统一负责水路、公路的运输管理工作。1988年政府机构改革,主要是交通部行政职能开始转变为主要对全国公路和水路交通实施行业管理。撤销了海洋运输管理局、内河运输管理局、公路、基本建设4个专业局,设立运输管理司,统一负责水路、公路运输管理工作;将港口、内河、公路的工程管理部分合并,设立工程管理司,统一负责交通系统的工程管理工作。组建中国公路建设总公司、中国港湾建设总公司,组成中国交通信息中心。成立中国水上货运中心,部直属的科研院所划归交通部科学研究院领导。1986—1988年,成立了14个海上安全监督局。1990年,将中国水上货运中心纳入运输管理司,名称改为运输管理司水运总调度室。20世纪90年代,在邓小平南方谈话和十四届三中全会的推动下,交通部分别于1993年和1998年再次进行机构改革,其指导思想是进一步转变政府职能,简政放权,加强宏观调控和行业管理。1993年,主要包括政企职责分开,简政放权,加强宏观调控和行业管理,包括运输管理司分为公路管理司和水运管理司,将原来的运输管理司、工程管理司调整为公路管理司、水运管理司和基建管理司。水运管理司负责水路运输行业管理和运输组织管理,制定行业管理规章和相关规划、计划等,培育管理水运市场。1994年,将三峡办公室调整为部非常设机构。1998年,国家将交通部代管的大连等6个海事法院划入司法系统,将水运管理司和基本建设管理司合并,组建水运司,将部台办成建制划入水运司。1981年3月,成立交通部水运科学研究所和交通部公路科学研究所。

长江航务管理方面,改革开放初期,这种高度集中的管理模式暴露出越来越多的问题,条块分割、政企不分、以政代企等现象,严重阻碍市场经济的发展。为转变职能、加强水运行业宏观管理,交通部率先在长江实行管理体制改革,分别组建长江航务管理局和长江轮船公司,实行政企分开。1980年,探讨改革内河航运管理体制。1983年,国务院50号文批转长江航运体制改革方案,实行港航分管。1983年12月,完成组建长江航务管理局和成立长江轮船总公司,长江航务管理局是交通部的派出机构,长江轮船公司是交通部直属一级独立核算的运输企业。1983年,将黑龙江省航运管理局收回,成立交通部黑龙江航运管理局,该局既是交通部和黑龙江省航运行政管理单位,又是部直属航运企业,为政企合一的单位。1986年,组建珠江航务管理局,为正厅级行政性事业单位。1987年11月,批复同意成立京杭运河江苏省交通厅航务管理局。1988年3、4月,南京、镇江、武汉、九江港分别下放给所在城市,1989年,交通部直属的长江干线26个重点港口下放当地政府。1998年,明确交通部长江航务管理局、珠江航务管理局和黑龙江航务管理局为交通部派出机构,黑龙江航务管理局在政企分开、减员增效、逐步扭亏的基础上,下放地方管理。1996年,成立长江航运管理委员会。2005年,调整长江口航道建设有限公司,成立交通部长江口航道管理局。

地方体制方面,地方交通管理也朝着"转变职能、政企分开"的方向改革。从20世纪80年代中期开始,各地陆续在省(自治区、直辖市)厅下设运输管理局或者航运(务)局专司航运管理职责,实现与航运公司的政企分开。地市级及以下机构基本与省级机构对应,设立航运处。此时的水运管理体现政企分开的特点,运输行政管理与运输生产服务逐步分离。各地方也进行交通管理体制改革,以克服机构设置过多和部门分割的弊端。从1999年开始,各地方在行政职能归类和精简的基础上,基本形成地方交通厅"一厅三局"(交通厅、公路局、道路运输局和港航局)的架构。至此,我国水运管理体制基本固定下来。

船检和海事改革方面,改革开放前,我国船检业务一直由国家船检局负责。1986年,国家船检局下属的船检部门开始作为独立法人,以中国船级社的名义开展业务。1988年,成为国际船级社协会的正式会员。1999年8月,国家进一步明确中国船检局与中国船级社试行"局社、政事分开",船检局与中国港监局(海监局)合并组建国家海事局,行驶对船检业务政府管理职能;中国船级社则承担船舶及船上设施的具体检验业务,从此中国船级社正式划出政府系列。1998年,组建中华人民共和国海事局,由中华人民共和国船检局与中国船级社试行局社、政事分开,同中华人民共和国港务监督局合并组建,对内称交通运输部海事局。海事局实行垂直管理体制,负责行使国家水上安全监督和防止船舶污染、船舶及海上设施检验、航海保障管理和行政执法,并履行交通部安全生产等管理职能。1999年10月,国务院批准成立交通部在沿海的省(自治区、直辖市)和主要跨省内河干线及重要港口城市设立20个直属海事机构,同时根据需要,可设立分支机构和海事处。针对我国水上安全管理体制层次不清,事权不明的现象,2000年6月,国务院转发了水上交通安全监督管理体制改革实施方案,重新界定了中央与地方的水域管理分工,试行"一水一监、一港一监"管理体制;沿海(包括岛屿)海域和港口、对外开放水域、主要跨省区内河(长江、珠江、黑龙江)干线及港口,由交通部统一领导和管理;除上述水域之外的内河、湖泊和水库等其他水域的安全监督工作,由省区(直辖)市政府负责。根据上述方案,交通部在沿海和内河干线沿岸省区市陆续建立了长江海事局与省市地方海事局,由国家海事局实施垂直统一领导和管理。

港口管理方面,1984年开始,实行"以港养港、以收抵支"政策,沿海港口逐步完成"双重领导,以地方领导为主"的港口管理体制改革,逐步形成了沿海和长江干线37个港口与中央与地方政府双重领导、以地方政府为主的管理体制(秦皇岛仍由中央管理)。1996年,国务院审查并批准了交通部提交的《深化水运管理体制改革方案》,实行政企分开,设立行政管理机构,作为当地政府职能部门。将政企合一的港务局,改组为港埠企业,同时各港的客货代理、理货、引航等服务机构,组建公司或社团法人。港口公安也"离企归政"。1984—1998年,为调动地方政府建设和管理港口的积极性,扩大港口经营权,除秦皇岛外,沿海和长江干线38个港口实行"交通部和地方政府双重领导,以地方政府管理为主"的体制。1994年,海南港下放海南省,由地方管理。2001年10月,国务院办公厅转发了交通部等五部委《关于深化港口管理体制改革的意见》,其中提出,将中央与地方双重领导的38个港口全部下放地方管理,原则上交由港口所在城市政府管理;港口下放后实行政企分开,港口企业成为自主经营、自负盈亏的法人实体;逐步放开理货市场,每个港口可先设立2家理货企业;改革银行管理体制,3年后引航机构应全面与港口企业分离(长江引航机构仍隶属长航局),2002年初,交通部下发《关于贯彻实施港口管理体制深化改革工作意见和建议的函》,明确了港口所在地的省级交通主管部门或市、县港口主管部门是港口所在地人民政府主管港口行政事务的机构,并列明港口行政管理的十项主要内容。根据中央的统一部署与各地的实际情况,各地港口管理体制改革正在陆续进行,上海港的港口下放与政企分开已于2003年3月完成,大连港的港口下放与政企分开也于2003年5月份完成。2004年,出台《中华人民共和国港口法》。同年,启动港口引航改革,将沿海港口的引航机构从港口企业中分离出来,按照一个港口一个引航机构设置。同时,改革港口理货体制,截至2004年,主要港口都设立了2家理货企业。

航运企业管理方面,1984年11月,国务院要求中国远洋运输总公司要办成独立经营的经济实体,不兼行政职能。1996年11月,成立上海航运交易所。1999年,根据国家统一部署,中远、中海、长航、中外运等中央直属大型国有航运集团公司,与原来的企业主管部门交通部、外经贸部等脱钩,归属中央企业工委监管,中央派出监事会对企业进行监督。2003年3月后,上述中央直属水运企业改由新成立的国有资产监督管理委员会监管。

救助打捞方面,新中国救捞事业创始于1951年8月24日,中国人民打捞公司在上海成立,由交通部航务工程总局领导。1953年1月,交通部将中国人民打捞公司改为航务工程总局打捞公司。1956年,打捞公司改为打捞局,成立事业单位。1978—1982年,交通部救捞局为部内职能局,1982年改为行政性公司(中国海难救助打捞总公司),同时使用中国救捞总公司、中国拖轮公司和中国海洋工程服务有限公司开展业务。1987年6月,撤销中国海难救助打捞总公司,恢复交通部海上救助打捞局,下属交通部烟台、上海、广州海上救助打捞局,并单独成立中国海洋工程服务公司。1994年2月,为理顺救助与经营关系,机构名称改为交通部海上救助打捞局和中国海洋工程服务有限公司。1990年6月,建立中国海上搜救中心,撤销海上安全指挥部。2002年,开始实行救助与打捞分开管理的改革,2003年交通部北海、东海、南海救助局和交通部烟台、上海、广州打捞局成立。根据《救助打捞体制改革实施方案》,实现了救助与打捞分开,彻底改变了运行52年的“以经营养救捞”的旧体制,2004年6月,成立交通部北海第一救助飞行队、东海第二救助飞行队、南海第一救助飞行队,同时将上海海上救助飞行队更名为交通部东海第一救助飞行队。基本形成了3个救助局(北海、东海、南海)、3个打捞局(烟台、上海、广州),以及北海第一(蓬莱)、东海第一(上海)、东海第二(厦门)、南海第一(珠海)等4个救助飞行队,在沿海建立了一个比较完整的救捞网络。

法律法规颁布方面,逐步强化法律法规在行业的法律地位和指导作用。包括:1985年,交通部开始组织开展国际班轮运输。1987年5月,国务院发布《中华人民共和国水路运输管理条例》;9月,交通部制定《中华人民共和国水路运输管理条例实施细则》。1990年3月,交通部、铁道部联合发出

《关于发布"工试"国际集装箱多式联运有关办法、规定的通知》;同时交通部发布了《国际船舶代理管理规定》;6 月,发布了《国际班轮运输管理规定》。12 月,国务院发布了《中华人民共和国海上国际集装箱运输管理规定》。1995 年,出台《水路旅客运输规则》和《中华人民共和国航标条例》。

三 第三阶段(大部制管理阶段,2009 年至今)

2009 年,在实行大部制的背景下,交通运输部水运司更名为交通运输部水运局,但涉及国内水路运输管理的机构和职能没有变化。各地方也大都保持原有的管理机构。

总的来说,国内水路运输从最早在中央统一部署下实行计划运输、各地方主要执行中央的调度指令,到后来逐渐政企分开、权力下放,除一些重点运输和流域外,地方对本辖区的水路运输拥有更大的自主权。在市场经济体制下,各地方通过出台地方政策、完善市场监管等手段大力发展航运,地方竞争力得到增强。

我国水运管理机构的设置分为四级:交通运输部、省(自治区、直辖市)、市(自治州)、县(自治县)。2008 年,在经历大部制改革、组建交通运输部之后,各地方交通运输主管部门也纷纷进行调整。就水运管理机构而言,多数省(自治区、直辖市)维持原状,也有部分变化较大。

(一)交通运输部水运管理机构

交通运输部实行水运管理职能的执行机构有 6 个,分别是海事局、水运局(国内航运管理处)、长江航务管理局(以下简称"长航局")、珠江航务管理局(以下简称"珠航局")、交通运输部救助打捞局和中国海上搜救中心(中国海上溢油应急处置中心)。

海事局负责国家水上安全监督管理,包括事故调查、船员管理、船舶防污染等。水运局负责国内水路运输行业管理,制定行业发展政策、拟定相关法律、法规草案,指导水路运政管理队伍建设。长航局是遵照《国务院批转交通部关于长江航运体制改革方案的通知》精神,根据政企分开、港航分管的原则,在原长江航运管理局的基础上,于 1984 年组建,作为交通运输部派出机构,对长江干线航运行使政府行业管理职能。珠航局作为交通运输部派出机构,对珠江内河行使行政主管部门职责。交通运输部救助打捞局负责船舶和海上设施财产救助、沉船沉物打捞、港口及航道清障、沉船存油和难船溢油的应急清除；提供水上、水下工程作业服务。承担国家指定的特殊的政治、军事、救灾等抢险救助、打捞任务；负责救助打捞系统交通战备组织协调工作；履行有关国际公约和双边海运协定等国际义务。中国海上搜救中心（中国海上溢油应急处置中心）主要负责海（水）上突发事件预警预防，人命救助、环境救助和财产救助，重要通航水域清障以及海盗事件信息的接收与处理。

针对长江航运行政管理体制，交通运输部制定了《关于深化长江航运行政管理体制改革的意见》及系列配套文件。自 2016 年 7 月起，长江干线从重庆至江苏浏河口，已由海事机构统一行使海事、航道、通信现场执法，首次实现水上综合执法。政事分开和事企分开逐步开展，长江航道局承担的航道行政管理和现场执法职责，正式移交长航局和长江海事局，组建长江航道工程局有限公司。长江干线海事、航道实现统一管理，基本建立一体化的长江航运管理体制。

（二）省级水运管理机构

省（自治区、直辖市）级交通主管部门分管辖区内的水路运输行政管理，主要有两种模式：

（1）省交通运输厅全面负责省内的航运管理。如广东省交通厅设水运管理处，负责水路运输的行业管理。

（2）省级人民政府交通主管部门直属的行政事业单位具体实施水运管理。这些直属机构名称各异，具体设置也不相同。总的来说，直属机构管理水运一般采取两种方式：

①水路运输管理与道路运输管理合一，统一设置于“运输管理局”中，如北京市交通委员会下设的运输管理局，内蒙古自治区交通厅下设的交通运输管理局，江苏省交通运输厅下设的运输管理局，福建省交通厅下设的运输管理局等。

②水路运输与道路运输分别设立管理机构。这种方式比较常见。水运管理方面的机构通常称为“航运管理局”“港航管理局”“水路运输管理局”“航务管理局”等。这些管理机构通常“一门多牌”，兼挂地方海事局、船舶检验处（局）、交通规费征收稽查局等机构的牌子，部分水运不发达地区还兼挂公路运输管理局的牌子。在水运和陆运分别设立管理机构的管理方式

中,天津市和上海市设置的“交通运输和港口管理局”,突出港口建设和管理的重要性,以实践“以港兴市”的战略目标。2010年以后,也逐步改为交通运输委员会。

第二节 国外水运行业管理体制情况

一 美国

(一)水路行业发展概况

美国拥有发达的水运系统,包括内河、大湖区及远洋和沿海水运,并且大部分船队是在巴拿马和利比里亚注册。根据美国海运管理局网站公布的数据,2014年,美国原油油轮总吨位为2140万吨,成品油船总吨位3102万吨,载驳船总吨位为8587万吨。2017年,进出口3487万标准箱,船舶总吨位28904万吨。2005年,美国内河航道长41842公里,其中19312公里可用于商业航行,占据美国内河货运总量60%以上的密西西比河通航里程约2万公里,其中干流全长3766公里,主要航道水深3.65米,密西西比河航道尺度和船闸基本上实现了标准化。

(二)水路管理体制改革历程

1. 美国交通发展历程

(1)第一阶段:早期水路运输繁荣时期(19世纪初之前)

在16世纪早期,英法等国家的渔民为了捕捞鳕鱼而驾驶着经不起风浪的渔船,来到纽芬兰滩、新斯科舍和科德角附近的海域进行海上冒险。17世纪初,普利茅斯公司在克尼贝克河口建立北美殖民地时,在美洲建造了第一艘英属远洋船——“弗吉尼亚”号。后来,“五月花”号穿过波涛汹涌的大西洋,来到这里定居,开始了美洲大陆的开发。

海洋经济一直是美国重要的经济部门,包括造船、航运、捕鱼及一些附属工业和服务业。美国独立战争之后,由于对中国三角式贸易的开放,远东贸易给美国航运业带来了黄金时代。在此后的几十年中,悬挂星条旗的美国商船驶入了贸易上能够获利的每一个海港,这是美国航运史上的早期繁荣时期。而由于当时殖民地经济繁荣,具有浓厚的商业化、国际化、市场化的特点,这就使得从独立战争后到19世纪初,美国的造船、航运业在全球优势明显。

(2)第二阶段:重点发展运河时期(19世纪20年代—19世纪末)

在著名的伊利运河建成之前,弗吉尼亚、北卡罗莱纳和马萨诸塞早已开凿出了一些小的运河,其中相对成功的一条是米德尔塞克斯运河,长27英里,连接梅里马克河与马萨诸塞州的查理斯河,在交通运输方面发挥过不少作用。伊利运河从奥尔巴尼到布法罗,全程363英里,宽40英尺,深4英尺,可供30吨驳船的行驶。它连接了安大略湖、香普冷湖和塞纳卡湖。伊利运河修筑工程开始于1817年,在德威特·克林顿州长的支持和纽约州议会的资助下,于1825年10月26日正式对外开放通航。伊利运河的开通,使美国境内有了一条通往西部长达900英里的人工河道,从而大大降低了远距离大宗货物的运输成本,极大地改变了东西部的交通运输状况。伊利运河使货物从布法罗到纽约的运费,从每吨90—100美元下降到8—10美元,运输时间由20天减少到8天。经由伊利运河运往西部的商品总值,从1836年的1000万美元,猛增到1853年的9400万美元。以伊利运河为契机,全国掀起了开凿运河的热潮,东部各州用运河把内地和沿海联结起来,中西部各州则致力于修缮从内地到五大湖的运河。伊利运河的投资不到10年全部收回,从而揭开了美国的"运河时代"。伊利运河是美国第一项重要的国家工程,从此也改变了此前马拉背驮的运输历史。

在此之后,美国又相继开凿了多条运河,这其中包括俄亥俄·伊利运河、迈阿密·伊利运河、沃巴希·伊利运河等。美国各州政府希望修筑通往西部的运河,以沟通俄亥俄河与五大湖。因此,加大了修建人工运河的人力和物力的投资。据有关数据统计,在1815—1840年间,美国各州用于运河的总投资约为1.25亿美元,开凿了总长达3000英里的运河。到19世纪30年代,美国从纽约市到新奥尔良有了第一条完备的水路后,开凿的人工运河里程以后逐年增加。运河里程从1830年的1270英里,增加到1840年的

3320 英里和 1850 年的 3700 余英里。美国人工运河事业的发展,在一定程度上降低了运输费用,加快了中西部与东部的联系,从而推动了经济的发展。1822 年,从俄亥俄河流域经新奥尔良转运东部市场的农产品价值为 300 万美元,伊利运河开通后的 1830 年,从密西西比盆地经新奥尔良转运到东部市场的农产品价值就达到 2800 万美元。到了 1846 年,通过运河运往东北部市场的农产品中面粉达到 440.5 万升,谷物达到 7048 万升。运河的开凿极大地改变了西部与东部、西部与南部之间的交通,使东西部的联系越来越密切,为美国早期向西部开发及拓展市场提供了重要条件。

(3)第三阶段:内河航道现代化发展阶段(20 世纪初期至今)

20 世纪初期,美国人均 GDP 在 300—1100 美元时,是美国内河航道的现代化发展阶段,也是向高层次发展的阶段,美国主要措施是综合开发水资源,梯级渠化航道和开辟运河,建设高等级内河航道。与此同时,标准化船型的推广、先进推进器技术和船舶运输组织的应用,均为内河水运可持续发展奠定了坚实基础。经过 100 多年的建设,美国形成了 2.6 万英里的高等级内河航道体系,为全美 41 个州、16 个州府所在地以及密西西比以东所有的州提供了商业内河水运服务。

美国海运一直在美国保护主义的遮护伞下发展,航运立法贯穿了美国的海运发展史。20 世纪中期,美国充分利用了两次世界大战创造的有利时机,由航运大国而一跃成为首屈一指的航运强国,取代英国成为海上霸主。而为了适应新的航运发展形势,美国通过一系列的立法,对其海运政策做了相应调整。这时期较有影响的海运政策立法有:与从政治上、经济上控制欧洲的马歇尔计划相呼应的《商船销售法》、1954 年《货载优先法》、1960 年“邦纳”(BONNER)立法、《1970 年商船法》《受控承运人法》《1984 年航运法》和《1998 年远洋航运改革法》。此外, 1996 年通过“海运保障计划”,接替原来的“劳动差额补贴”,对服务于对外贸易且有军事用途的 47 艘美国旗船予以补贴。

2. 海事管理局(MARAD)发展历程

MARAD 于 1950 年在哈里·杜鲁门总统重组计划第 21 号的倡导下成立,其起源追溯到 1916 年的《航运法》,该法是在第一次世界大战造成航运严重中断的背景下产生的,明确规定对美国海运企业进行保护,鼓励美国海运企业向海外扩张,阐明了航运政策与美国经济政策和外交政策的关系,在美国航运史上有举足轻重的地位。该法要求承运人向海事管理局提交他们之间提供的协议，并建立了对公共承运人的运价制度，确立了航运协议组织的反垄断豁免。

第一次世界大战爆发后，美国保持中立，大战期间美国商船的首次失利发生在 1915 年 1 月 28 日，当时一艘德国巡洋舰摧毁了运送小麦到英国的美国商船。德国迅速为事件道歉，但美国人感到愤怒。1915 年 5 月，一艘德国潜艇击沉英国远洋班轮卢西塔尼亚号，1959 名乘客中有 1195 名乘客和船员死亡，其中包括 128 名美国人。美国的海洋已经不能再像一个多世纪以来一样将该国与欧洲的敌对行动隔离开来。

根据《运输法》的规定，航运委员会创建了紧急车队公司（EFC）。EFC 组织了大规模的船舶和造船厂建造计划，代表船运委员会收购，管理和运营船舶。在施工计划达到满负荷之前，战争结束了；但直到 1921 年，这些船舶还在建造，当时已经完成了近 2300 艘。这个庞大的计划导致了战后的船舶过剩，这激起了该行业的长期萧条。作为回应，国会通过了 1920 年的商船法案，该法案取得了不同程度的成功。1928 年，EFC 更名为商船队公司，并于 1930 年将它和船运委员会作为美国海运局集中到商务部。

1936 年，美国国会通过了《商船法》，成立了美国海事委员会，承担了航运局的职责，职能和财产。这项创新的立法支配着许多美国海运业的项目。美国海事委员会负责推进和维护强大的商船以支持美国的商业和国防事业。该委员会管理海洋商业，监督货运和码头设施，并为私人商业船舶管理施工和运营补贴资金。该法案还授权美国海事委员会从跨大西洋班轮开始，在 10 年的时间内设计和建造 500 艘现代商船。

1942 年，美国总统罗斯福成立了军舰管理局（WSA），以应对美国进入第二次世界大战。第 9054 号行政命令将美国海事委员会有效地分为两部分，委员会设计和建造船舶，而 WSA 获取和操作这些船舶。尽管在行政上分离，但两个机构密切合作。海事委员会主席也担任 WSA 的管理员。从 1941 年到 1946 年，海事委员会和 WSA 管理着史上最庞大的工业造船和船舶运营工作。近 6000 艘商船和海军辅助设施建造完毕，WSA 定期管理数千艘船舶的同步作业、维修和保养。随着战争的结束，政府解散了 WSA，并于 1946 年将其职能移交给了海事委员会。根据《商船出售法》，数千艘船舶被出售或处置，同时保留的被称为国防后备舰队。

1950 年，根据杜鲁门总统在第 21 号重组计划中提出的建议，国会取消了美国海事委员会，并将其职能划分为新成立的海事管理局和联邦海事委员会(FMB),两者均设在美国商务部。海事委员会的补贴和海运监管职能转移到FMB,而剩余的促销和政府拥有的航运权益归属于海事管理局。1961年,作为第7号重组计划的一部分,FMB成为独立监管机构,并更名为联邦海事委员会,保留至今。补贴职能以海事补贴委员会的形式返回海事管理局,海事补贴委员会独立向海事管理局管理员报告。1961年的改革是海事管理局目前组织结构的基础。

1981年,海事管理局被转移到运输部门,合并成一个内阁级部门。海事管理局仍负责促进国防事业及美国国内外商业发展,并维护着强大的商船。为此,海事管理局在纽约经营美国商船海洋学院,为六个州的海事学院提供资金并维持培训船,其中包括:纽约州立大学海事学院、马萨诸塞州海事学院、加利福尼亚州海事学院、缅因州海事学院、得克萨斯州海事学院和大湖海事学院。海事管理局还继续拥有和经营一批政府拥有的货船,以支持国家安全要求,这些灰色船舶战略性地位于全美国各地的港口,并且可以通过其独特的红色、白色和蓝色堆叠带轻松识别。

(三)水路管理体制现状

美国水路交通行政管理体制分为三级:第一级为美国联邦政府运输机构,第二级别为美国联邦独立运输管理机构和第三级为美国地方交通行政管理体制。

1. 美国联邦政府运输机构

美国运输部下设12个职能机构,即秘书办公室、联邦航空管理局、联邦公路管理局、联邦汽车运输安全管理局、联邦铁路管理局、联邦运输管理局、联邦公路交通安全管理局、海事管理局、管道和危险材料管理局、研究和创新技术管理、运输局、统计局、圣劳伦斯河道开发公司、监察长办公室,其中涉及水路管理机构设置的是联邦海运管理局和圣劳伦斯河道开发公司。

运输部的各个专业行政管理机构,分别管理或监督不同的运输专业领域,其相关职责范围很广。运输部各种运输方式或专业领域管理机构,都必须遵守运输部战略计划所确定的目标。运输部战略计划所确定的目标,及实现这些目标的主要战略,为运输部的各个专业领域的各项活动提供了一个框架。上述管理机构具有较大的独立性和自主性,在各大区都设有办事机构,作为与地方政府联系的纽带。由于各个管理机构的工作性质不同,大区办事机构的任务也相差很大,有的为地方政府的运输基础设施建设提供资金,有的作为公共服务机构。下面将着重介绍美国运输部涉及水路运输的两个重要管理机构。

1)海事管理局

美国海事管理局成立于1950年,但是隶属于商业部,其前身是“美国航运委员会”。1981年8月,海事管理局划归运输部。该局局长由总统任命,直接向部长报告工作。

海事管理局的组织结构主要包括:局长办公室、首席法律顾问办公室、国会与公共事务办公室、行政事务助理局长、管理与信息服务办公室、政策与国际贸易助理局长、财务核准与货运优惠助理局长、国家安全助理局长、造船助理局长、港口综合运输业务和环境保护助理局长等10个重要行政与业务机构以及5个地区办公室,如图4-2所示。

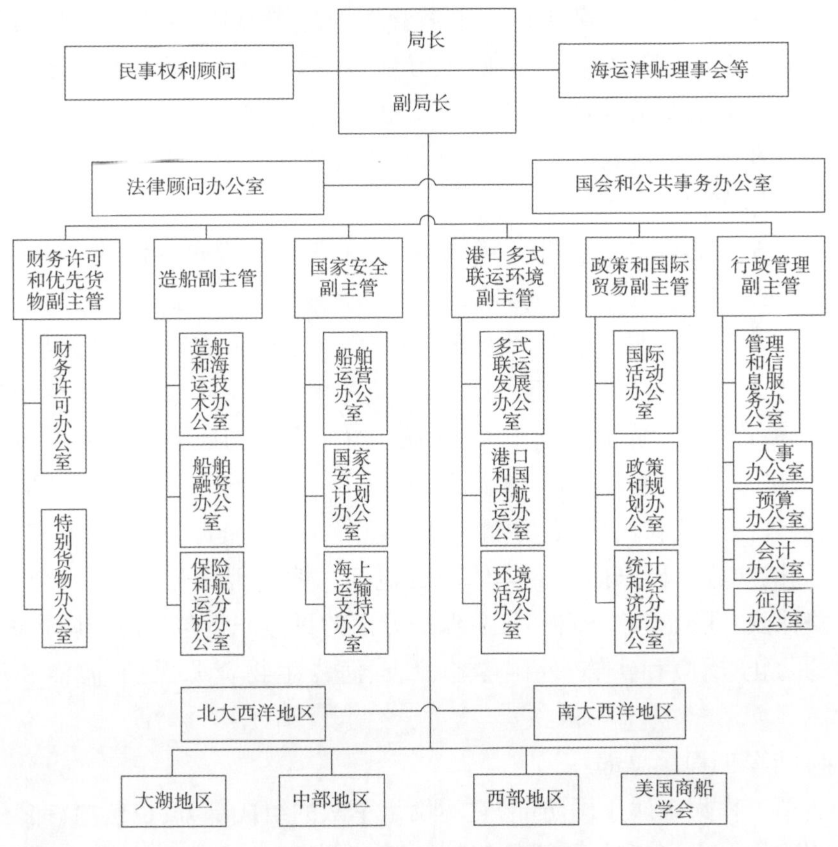

图4-2 美国海事管理局机构设置

海事管理局的使命是:发展美国海运业,支持国家经济和安全需要。海事管理局促进和保持美国商船船队适当和均衡发展,其载货能力除了满足美国对外贸易的大部分需要之外,还能适应本国国内水上贸易的要求。美国商船在战时或者在国家紧急状态下,还可以用做海军和军事备用船舶。此外,海事管理局还努力确保国家有足够的船舶建造和修理服务能力、高效率的港口、有效的水陆综合运输系统以及国家船舶吨位总储备能力。海事管理局的主要职能是通过对各种计划项目的管理来扶植美国商船队的发展和营运,并在紧急状态下组织和领导美国商船的活动。

2)圣劳伦斯河水道开发公司

圣劳伦斯河水道开发公司是运输部的一个职能机构,同时又是一个国有企业,财政自理,其收入来自水道通行费。圣劳伦斯河水道开发公司负责五大湖和大西洋之间水道的开发、经营和维护工作,为商业和非商业船队建立一条安全、可靠和有效的通道。

该公司与加拿大圣劳伦斯河水道管理局合作,共同管理圣劳伦斯河水道的运输安全、船舶检验、交通管制、导航设施等。由于五大湖地区的经济发展处于十分重要的地位,所以该公司也负责为各港口之间、运输企业和客户之间以及该地区各行业之间的互惠互利活动创造贸易机会。

3)海岸警卫队

在1967年至2003年期间,海岸警卫队隶属于美国运输部,2003年以后,转而隶属于美国国土安全部。

海岸警卫队的职责主要分为五个方面:一是海事安全,二是海事畅通,三是海事保障,四是国家防卫,五是自然资源保护。海事安全的具体职责包括搜救、海洋安全、游船安全、国际滨海巡逻。海事畅通的具体职责包括航行帮助、破冰服务、船舶交通/水路管理、桥梁管理。海事保障的具体职责包括禁毒、外国非法移民禁入、专属经济区和海洋生物资源、海洋法的实施、法律/公约的实施。国家防卫的具体职责包括一般防卫义务、国土安全、港口和水路保安、北极破冰。自然资源保护方面的具体职责包括海洋防污教育、污染的防止、反应和实施、外国船舶检查、海洋生物资源保护、海洋和环境科学。

4)陆军工程兵总部

陆军工程兵隶属于国防部,它不仅是军队的组成部分,也包括许多民事方面的职能。内河运输的职责主要包括:水资源的研究与发展;民用工程(每年预算45亿美元);港口建设、防洪堤、船闸、疏浚、海岸建设等。美国内河航运系统依赖于192个船闸和238个船闸室。这些基础设施价值约为

1250亿。陆军工程兵总部设有8个地区管理部,38个分部。

2. 美国联邦独立运输管理机构

美国联邦独立运输管理机构主要有2个,即“美国联邦海事委员会”和“美国交通运输安全委员会”。

美国联邦海事委员会(FMC)成立于1961年,直接隶属于国会,是一个相对独立的机构。委员会由5名委员组成(其中1人为主席),任期5年,由总统任命,参议院批准。5人中不得有3名以上委员出自同一政党。委员会下设6个管理部门:秘书处、监察办公室、法律总顾问办公室、执行主任办公室、行政法官办公室、平等就业办公室。委员会共设有180个全职岗位,拥有1659万美元拨款。

美国联邦海事委员会作为独立的航运法律和法规的执行部门,在美国外贸运输管理上发挥了极为重要的作用。其具体职能由法律法规决定,这些法律法规主要是《1984年航运法》《1988年外国航运实践法》和《1920年商船法》第19条(上述法律大部分被《1998年航运改革法》所修改)等。

国家交通安全委员会(NTSB)成立于1967年4月1日,其前身是美国民用航空安全局,总部设于华盛顿,是美国联邦政府的一个独立机关。专门负责对美国国内的航空、公路、铁道、水路及管线等事故的调查。NTSB会由5个委员负责,其中1个主席,1个副主席,这五个委员由国会直接任命,主席由总统直接任命,四年一届。海事事故调查范围包括美国领海上出现的任何重大海事事故(包括外国船只),有权调查美国船只在世界任何地方发生的事故、民用和公用船只的碰撞事故以及其他重复发生的事故。

3. 美国地方交通行政管理机构

美国是联邦制国家,各个州都有自己独立的立法、司法和行政管理制度,州政府一级的交通运输管理都是根据州的有关法律规定的,因此,具体的做法各个州之间不尽相同,但是基本原则是一致的。也就是说,各州州长必须负责执行联邦政府有关交通运输法律中提出的各州的规定要求,同时根据州的法律任命1名州运输部长,并履行有关法律规定的运输部长的责任、权利和义务而组织必要的工作人员成立有关的机构。

在1966年以前,大多数州的交通运输基础设施的建设和发展,都是由若干个部门来管理,管理机构主要是按运输方式设置,很少有横向协调。这与联邦运输部成立之前,国家对交通运输的分散管理情况差不多。1967年联邦运输部成立后,各州按联邦政府的模式逐步建立了州运输部,管理州一级公路、城市公共交通、铁路、水运和民航事务。

州以下的地方政府对交通运输的管理千差万别,没有统一的模式。在公路方面,几乎所有大交通量的道路都由州公路部门管理,地方政府只管理一些交通量小、标准低的地方道路。在机构上有的设正式的公路部门,有的由公共工程部门统管。相比之下,机场、港口和公共交通一般由地方政府而不是州政府管理。此类管理机构或者设在市政府内,或者单独设置,例如各种管理当局。

4. 港口管理机构

港口管理方面,联邦政府主要负责以下几块:航道的建设、维护(陆军工程兵);港口保安(运输部海运管理局、海岸警备队、运输保安部);港口安全(职业安全与健康部、海岸警备队);制定规章(海岸警备队、陆军工程兵、运输保安部、运输部海运管理局);环保(环境保护署、国家海洋地理及大气管理部)。

美国港口实行属地管理。联邦政府没有全国统一的港口规划和管理,而是由州(郡、市)政府成立的港务局,统一管理和经营港口。港务局隶属于州政府的交通局,但其自身的职能不断扩展到航空、渔业等领域。其使命主要是发展经济,促进就业,最终达到增加税收、增加消费的目的。港务局一般由港口委员会管理,委员有的由选民选出,有的由相应级别的政府机构任命。委员会对港口的发展与经营有最终决定权,州政府一般不介入港务局内部的运作与管理。各州议会也制订有各自港口法案,如加利福尼亚州的《1920 年滩涂法》(Tideland Act of 1920),《1970 年岸线法》(Coast Act of 1970)。

港务局一般隶属于地方政府的交通局。交通局负责各种运输方式的管理,包括港口、公路、航空等(如巴尔的摩港)。但大多数地方交通局只负责公路管理。而港务局自身的职能也在不断扩展,超出了传统意义上的港口管理范畴,发展到航空、转运、渔业等领域。

港务局也存在推销自己的问题。在码头初建或规划伊始,它要寻找运营承包商。港口中码头、仓储、运输、铁路等种类运营商到位,它还要统一组织这些运营商外出招商,以承揽货源,吸引船公司,开始港口的实际运作。

州的法律对岸线有具体的规定,即只能在特定的地点修建码头。港务局据此做出规划,一般不会无限制地发展码头。

5. 海关

9·11 事件之前,美国海关着重对进出口商业贸易进行管理。在那之后,其管理理念转变为,国家安全第一,商业管理第二。

6. 立法

按照三权分立的基本原则,立法权由国会及各州议会行使。政府各部门对法律制定享有建议权,并有权在法律之下,制定相应的规章。

联邦海运法律主要包括《1916 年航运法》《1936 年商船法》《1946 年商船买卖法》《1954 年货载保留法》《1974 年深水码头法》《1978 年受控承运人法》《1984 年航运法》《1988 年外国航运实践法》《1990 年油污法(The Oil Pollution Act of 1990)》《1998 年航运改革法》《国家紧急状态法》《外国船舶紧急征用法》《2002 年海运安全法》《河流与港口法》等法律。

港口立法方面,联邦制订的有关法令包括:《1974 年深水港口法》《1922 年河流与港口法》等。上述法律一般不涉及港口的具体运作,主要规范。

7. 港口运营方面

美国公共港口的经营有三种模式,分别是地主港模式(Landlord Seaport)、运营港模式(Operator Seaport)和结合港模式(Combination Landlord/Operator Seaport)。经营模式的不同,意味着港口在收入方式、设备改建资金、劳动力管理等方面存在不同。美国有 34 个公共海港(包括纽约、新奥尔良、迈阿密等)属于地主港模式。这种模式的特点是,基础设施建成后,通过专门的设备融资方式筹集资金,港口发行债券,承租码头的经营人向港务局支付租金,并承担劳动力成本;运营港模式是指港务局自己购买码头经营设备、雇佣员工,直接经营,波士顿、博蒙特港等 11 个公共海港实行这种模式;实行结合港模式的有休斯敦、波特兰等 11 个公共海港。相当部分的港口疏浚和保安项目是由联邦政府资助的。大多数港口的财政资金以公私结合的方式获得,特别是地主港。

(四)水路管理体制特点

1. 实行综合管理体制,相关管理机构各司其职

美国的交通运输行政管理体制,从总体来说,是一种集中统一的管理体

制。美国将铁路、公路、水运、航空、管道等五种运输方式统一归口,实行综合管理。这种综合管理模式,对不同运输方式之间的衔接,起到了有效的协调作用,促进了美国多式联运和物流业的发展。从横向来说,美国的运输管理机构分为六部分,这些机构相互依存,相互配合,共同构成一个有机的整体。一是隶属于政府的联邦运输部;二是隶属于国会的联邦海事委员会和交通安全管理委员会等机构;三是民间组织,即各种类型的协会、联合会等,它们在行业管理中发挥着积极有效的作用。此外,从战备管理的角度,有海岸警卫队和陆军工程兵团;从环境保护的角度,有美国联邦环境署;而从征收关税的角度,有美国海关参与运输管理。

2. 实行中央和地方的分级管理

从纵向来讲,美国交通运输实行中央和地方的分级管理。美国国会关于运输部的法令中明确指出,设立运输部的目的是为了把联邦政府对于水、陆、空交通的管理职能由过去的分散管理转为统一管理,以保证政府对各种运输方式的发展进行统一规划、组织、协调和强化管理效能,其主要工作是制订运输政策、确保运输安全及负责对各种运输方式的扶持计划。虽然各州也按美国运输部的模式成立了州运输部或交通管理委员会,统一管理州一级的公路、城市公共交通、铁路、水运和航空事务。但由于美国是联邦制国家,各州有很大的权力,尤其是立法权。州、市地方交通主管部门享有充分的自主权,它们可以根据本地的实际情况,制定相应的政策。运输部门上下级之间没有隶属关系,也不要求设置对应的内设机构,州、县运输主管部门与联邦运输部独立平行,各级交通主管部门职责明晰,各自按法律赋予的权利履行职责。当各州制定的运输规则出现矛盾时,由联邦政府和各州通过对话协商解决。

3. 政企分开,行使行业管理职能

由于美国自由市场经济,交通管理部门不能直接管理交通企业或干预交通企业的经营行为,因此,美国交通管理机构主要起到对行业的引导、协调和监督等作用。在美国交通行政管理体制下,交通管理部门的主要职能是创造良好的市场竞争环境及维护公平竞争,它们更多的是关注运输业本身产生的影响(如环境、安全等)。

4. 立法保障,美国几乎所有执行层面均需要有立法保障,包括联邦海运和港口方面的立法。立法权由国会及各州议会行使。政府各部门对法律制定享有建议权,并有权在法律层次下,制定相应的规章。

二 德国

(一)水路行业发展概况

德国的内河和海洋运输都比较发达,主要包括莱茵河和易北河。海港主要集中在北部,其中汉堡港是德国第一、欧洲第二大港口。为了加强内河和海洋运输的衔接,德国开凿了北部的北海—波罗的海运河,将波罗的海和北海连接起来,是欧洲大陆与北欧联系的重要人工水道;开通了西南部的莱茵—多瑙运河,将欧洲大陆的莱茵河和多瑙河两大水系连接起来,对东西欧间的货物运输及欧洲内陆国的对外联系均具重要意义。德国是一个航运业发达的国家,尤其是其内河航运,在欧洲占有举足轻重的地位。2000 年,德国航道总长约 7300 公里,其中内河航道约 6550 公里,内河年货物运输量达 24100 万吨。

(二)水路管理体制现状

作为一个联邦议会制的共和国,德国交通运输领域的事务由联邦和地方(州、市/县)两个层级的政府管理机构共同负责。在联邦层级,联邦政府设有联邦交通部,负责联邦级别的交通基础设施建设(包括联邦公路、高速公路、铁路、内河航道、内河港口及海港等)、交通运输法规制定、运输车辆管理、运输市场监管、安全监控及事故调查(包括空运)、气象信息服务等。德国政府只对跨州的交通建设进行规划和投资。同时,德国的法律规定,莱茵河河道中心线两边各 150 米和运河、通航建筑物是联邦政府的财产。德国没有专门管水利的机构,水道航运局负责管理水情预报,而水质和水污染是地方政府的事权,由地方政府管理。

联邦交通和数字基础设施部的执行小组由三个部门组成:联邦部长、议会国家秘书和常任国家秘书。该部由部长领导。他由联邦政府任命。联邦部长协调并负责该部门的工作,该部门由该部和总共 63 个执行机构组成。他负责德国公路,铁路,航道和航空政策的各个方面以及数字基础设施的推广。两位议会国务秘书和两位常任国务秘书在部长的工作中支持部长。这四位最高级的工作人员协助他担任该部门的负责人和政府成员。常任国务秘书是公务员。他们协调部内个别总司令的工作。议会国家秘书是德国联

邦议会的成员。他们由联邦部长任命并协助他履行其政治职能。

联邦交通和数字基础设施部分为9个总司,总员工总数约为1450人。在波恩工作的约有810人,在柏林工作的有625人,在国外工作的有15人。9个总司包括:政策协调司、综合司、环境政策基础设施基本政策和欧洲事务司、道路建设司、道路运输司、航道和水运司、航空航天司、区域规划城市发展住房司、建筑业和联邦建筑物司,其中航道和水运司是联邦水道和航运管理局的最高联邦机构,负责水道的维护和升级(图4-3)。它们包括23000公里的海洋水道和7350公里的内陆水道。这个总司的活动的另一个关键领域是参与国际机构,例如讨论和解决有关海洋法和航运法的问题。

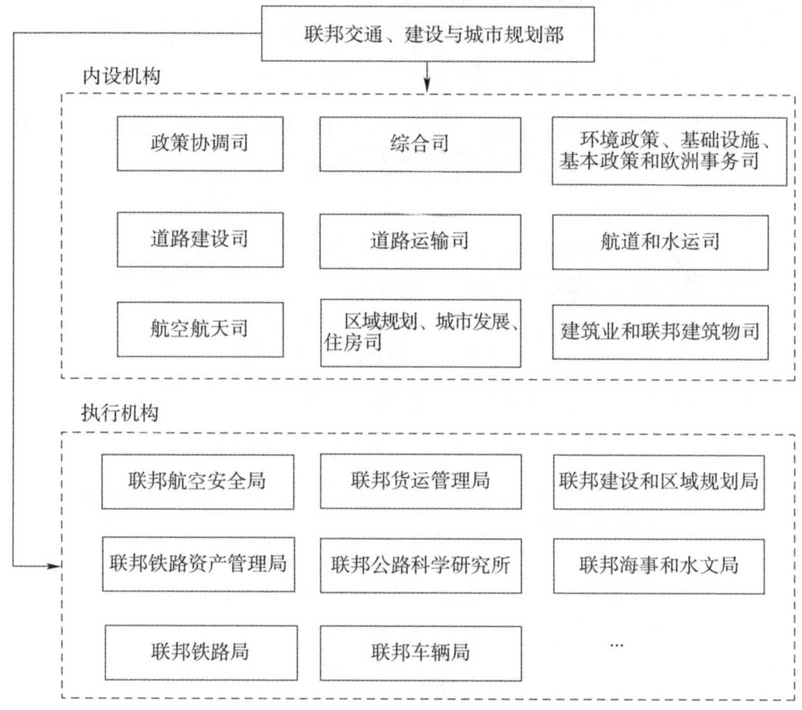

图4-3 德国联邦交通、建设与城市规划部组织结构图

除了部内机构之外,联邦交通部还设有69个执行机构,其中与水运相关的包括3个机构,主要职责是:

(1)联邦水运工程研究所。水运工程领域的联邦科学研究机构。

(2)联邦海事和水文局。承担为航队提供海洋运输服务、检测航海设备等职责。

(3)联邦海上事故调查局。承担航海安全检查和事故调查等方面的职责。

(三)水路管理体制特点

1. 加快部门职能整合力度,制定深度综合交通规划

德国在构建一体化的交通运输网络体系过程中,加大部门的职能整合力度,逐步实现对公路、铁路、民航、水路,甚至管道和城市发展相关基础设施的统一规划。《联邦交通发展规划》文件(BVWP)是德国交通发展最重要的规划文件,平均每8年修订一次,覆盖道路、铁路、水路三个方面的交通建设投资框架,决定了德国交通运输的发展走向。

同时,为支撑高水平的现代物流业,联邦交通部制定的综合交通规划和货运物流政策,有力地促进了空港、海港和内河港的建设,合理布局了货运枢纽(物流园区)和多式联运设施(如公铁、水铁、水铁公设施),实现了公路、铁路、水运、航空基础设施的有效衔接,打造了一体化的交通网络。

2. 制定多种优惠政策,促进内河航运发展

德国的法规规定,莱茵河河道中心线两边各150米和运河、通航建筑物是联邦政府的财产。德国政府发展内河航运目标是:充分利用水运,把陆运货物引向水运,确保实现可持续发展。具体政策有:稳定内河航运基础设施建设和内河航运管理资金的来源,对内河航运实施补贴,加重陆路运输的税负,减轻内河航运税负等,实践证明,这些政策对于促进德国内河航运的发展十分有效。德国为了有效解决国家财政资金投入不足的问题,采取地方集资、发行债券、政府无息贷款、以电养航等形式,解决航道建设资金问题,对船舶制造和中、小船主实行补贴,鼓励船舶更新和推广应用新船型等措施。

三 日本

(一)水路行业发展概况

日本海运业发达,其地形狭长,34400公里的海岸线上拥有近1100个港口,日本的港口按照其重要性,分成特定重要港口和重要港口,其中特定重要港口20个,重要港口120个,地方港口800多个,吞吐量约占世界海港总吞吐量的1/4。

(二)水路管理体制改革历程

日本的交通运输管理体制历经多次变革,总的趋势体现了由分散管理、各自为政向集中统一和综合管理发展的改革取向。目前,日本交通运输实行横纵结合、以横为主的管理体制,从体制上加强对全国交通运输的规划、建设和管理。

1943 年,日本将递信省和铁道省合并,并抽调了内务省的港湾建设部门、商工省的仓库关系部门和文部省的中央气象台等部门,成立运输通信省,下设铁道总局、海运总局、汽车局、航空局、港湾局等专业机构,其中涉及水路运输管理的部门主要是海运总局和港湾局。按照职能归类的思路,将不同运输方式集中在运输通信省进行管理,相对集中了交通运输行政管理,但不同运输方式之间的统一协作和综合协调等方面,并没有真正实现统一管理。1945 年,运输通信省又改组为运输省,但基本框架变化不大。

1943—2001 年,在运输通信省总体框架基本不变的情况下,日本的交通运输管理体制也进行过多次内部调整,目的是为了适应经济社会的变化和强化横向的综合协调。在 2001 年成立国土交通省之前,运输通信省内设有铁道局、汽车交通局、海上交通局、海上技术安全局、港湾局和航空局。在这一架构之下,与交通运输有关的全部行业管理和大部分的规划管理、设施建设、政策法规管理和安全监督管理,都由运输省负责,但海上交通管理、船舶等水上技术安全以及港湾管理分别属于海上交通局、海上技术安全局和港湾局的职责。其中海上交通局内设总务课、海事产业课、外航课、国内旅客课、国内货物课、港运课;海上技术安全局内设总务课、造船课、舶用工业课、安全基准课、检查测度课、技术课、船员部、劳政课、劳动基准课、教育课、船舶职员课;港湾局内设管理课、计划课、开发课、建设课、环境整备课、海岸防灾课、技术课。另外,还设立了三个外局,分别为船员劳动委员会、海上保安厅和海难审判厅。

2001 年,日本开始新一轮的政府机构改革,在新的政府机构中,运输省与建设省、国土厅以及北海道开发厅合并成立国土交通省。其中运输通信省的原运输政策局与建设省的建设经济局合并,成立综合政策局;运输通信省的海上交通局与海上技术安全局合并,成立海事局;海上保安厅和海上气象厅仍作为外部局,由国土交通厅管辖。同时,地方支局也进行了调整:运输省的5个港湾局和建设省的8个地方建设局合并为8个地方整备局。因此，目前在国土交通省中，与水路交通运输行政有关的部门包括：综合政策局、河川局、海事局、港湾局和船员劳动委员会、海上保安厅、海南审判厅等3个外局。此次改革的目的在于通过理顺交通管理体制，使长期以来成为协调难题的铁路与公路的立体交叉、高速公路与机场和港口的衔接等问题能够得到顺畅的解决。

（三）水路管理体制现状

1. 水路交通管理机构设置及职能

在国土交通省中，涉及水路管理职能的机构和部门主要有综合政策局、河川局、海事局、港湾局和船员劳动委员会、海上保安厅、海难审判厅等3个外局。日本水路交通运输管理体制如图4-4所示。

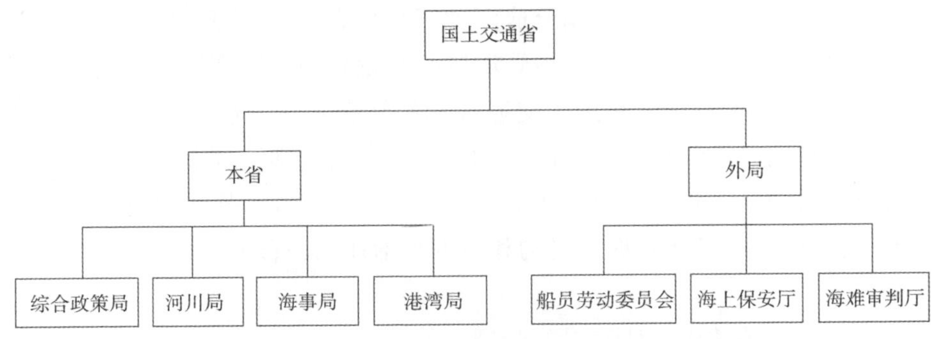

图4-4 日本水路交通运输管理体制

在涉及水路管理的部门和机构中，综合政策局涉及整个交通运输行业的政策制定、规划等；港湾局主要负责港口的建设、利用、维护和管理等事务；与航运相关的管理涉及河川局、海事局、港湾局、海上保安厅等部门；海上保安厅是管理与控制海洋、统一负责水上交通执法的专门机构（表4-1）。

日本水路交通管理部门及职能 表4-1

部　门	主要职能
综合政策局	监管国家运输政策制定，促进综合运输发展；国际运输协议谈判与执行；合理布置航线；实施航空旅客保护法规；防止酒精和药品在运输中被滥用法的发布；运输法的制定
河川局	制定实施洪水控制和水资源利用措施；保护和恢复内河环境的风景和自然风貌；防止沉积危害

续上表

部门	主要职能
海事局	发展海洋运输,保证基本生活;建立严格的船舶建造规范,加强营运船舶的检查;培养海事人才,支持海洋事业;发展海洋运输,保证基本生活;建立严格的船舶建造标准,加强营运船舶的检查
港湾局	港口的建设、利用、维护和管理等。建立有全球竞争力的物流网络;建设保护生活环境的港口;创建环保的港口地带;创建安全的生活环境
海上保安厅	维护海上治安;维护海上交通安全;海上防灾救灾和海洋环境保护

2. 日本港口行政管理体制

日本的港口设施建设和管理的主体不统一。建设主体为国家、港口管理者、地方公团、集装箱码头公司等,管理主体多为地方港口管理当局。

1)机构设置和政府职能

日本把港口行政管理体制分成两种行政行为,其一是建设行政,其二是管理行政。前者的行政职能是主管港口的开发利用及管理等方面的设施建设行政,其国家主管主体是国土交通省和经济企划厅。后者又可分为设施管理行政和港口经营行政,前者管理港口设施,后者则管理港口装卸搬运及码头经营活动。行政管理部门既涉及国土交通省、厚生劳动省、财务省、农村省和法务省等,又涉到地方机构和地方自治体,其管理主体是地方港口管理者。

2)港口设施建设主体和设施管理

除了极少数民间私人机构建设的项目属于私有外,日本港口建设的主体有国家、港口管理者、地方公团、集装箱码头公司等。其设施管理者多是港口管理当局,只有集装箱码头公司的设施由公司管理,公团投资的设施由公团管理,航道辅助设施由国家(海上保安厅)管理。

日本的港口设施管理者根据1950年的《港湾法》规定政府对整个国家港口发展的数量、规模和政策进行统一规划部署,中央政府不参与设施管理。在1000多个海港中,都、道、府、县管理港口600多个,其中特定重要港口8个,重要港口83个,其余是地方港口。市、町(镇)、村管理港口390多个,其中特定重要港口7个,重要港口20个,其余是地方港口。

按照港口法的规定,港口管理当局在港口设施管理方面的职责是:制定港口建设计划,其中包括设施项目及所需投资的申报;使港区内及所管理的设施维持在良好的状态;负责港口开发、利用、维护以及临港地区的必要港口设施的建设和改造工程;港口区内及临港地区内水面填筑、整地等造地和建设工程。

(四)水路管理体制特点

总体来看,日本将交通、国土、建设、水利、旅游、气象等诸多业务职能集中在国土交通省统一行使,在很大程度上解决了业务交叉而纠缠不清的问题,降低了行政成本,大大提高了行政效率。但是,国土交通省毕竟是在不长的时间内进行了较大幅度的变革,属于激进变革的类型,体制改革所必备的监督机制及配套政策,无法在短时间内建立并完善。

日本交通运输行政管理体制与日本的政府管理体制密切相关,是其政府管理理念和方法在交通运输层面的具体体现。通过对比分析可以看出,日本交通运输行政管理体制具有以下三个特征:

1. 中央层面组织规模较大,业务范围较广

日本国土交通省由旧运输省、建设省、国土厅、北海道开发厅四省厅合并而成,组织规模较为庞大,管辖范围较为广泛,所辖业务从住宅、土地、水利、铁公路、海港、机场、海上保安到气象服务、观光旅游等诸多方面。如水资源管理,国土交通省负责水资源长期需求分析、综合性政策和规划的起草、立项及推行,河流管理、治水工程、河流综合开发工程的组织实施,以及下水道相关政策的立项、组织实施及指导监督等工作。

除了国土及交通基础设施硬件建设和规划以外,国土交通省还承担了交通及旅游、防灾对策研究等方面的政策研究并及时发布的职能。因此,国土交通省业务量和资金额非常巨大,占日本公共事业预算的八成,执照权限2550项。庞大的组织规模和业务量,使得国土交通省牵涉的利益群体也比较大。

2. 对不同运输方式实施统一管理,注重相互衔接与协调

长期以来,日本的交通运输管理由政府的各个部门分管,没有统一的部门主管交通运输事务,政府难以对各种方式的运输进行综合管理和协调,从而影响了国家宏观调控效能的发挥。为此,日本于1943年成立了运输通信省,使中央政府对交通运输的管理从分散走向集中,以保证政府统一协调和管理各种运输方式。在这一阶段,日本完成了对不同运输方式在体制上的统一管理,但并没有真正解决不同运输方式之间的有效衔接以及综合协调等问题。为此,在2001年日本新一轮政府机构改革框架

中，对运输省组织架构进行了较大幅度的重组与整合，与建设省、国土厅以及北海道开发厅合并成立国土交通省，将运输省的部分职能局、建设省的相关职能局以及运输省内部局进行了大规模的合并。至此，日本交通运输建立起比较畅通的交通管理体制，使长期以来成为协调难题的铁路与公路的立体交叉、高速公路与机场和港口的衔接等问题，得到了很大程度的解决。

3. 地方管理权限较大，拥有较大的自主权

日本的交通管理体制与其政体密切相关。由于日本是君主立宪制国家，中央到地方的管理层级较少，地方行政机关拥有较大的自主权。日本的都、道、府、县是地方各级最高行政机构，其行政首长称为知事，直属中央政府，但各都、道、府、县都拥有自治权。因此，地方交通管理部门也相应拥有较大的管理权限。

四 国外经验借鉴

（一）实行大部制，推动各种运输方式协调发展

从美国、德国、日本三个国家的交通运输行政管理体制来看，水运均作为综合运输体系的一部分，均推行了大部制的管理体制，包括公路、水运、航空、铁路，日本和德国更是把与交通相关的国土、建筑等也纳入大部制体制管理中。这对不同运输方式之间的衔接，起到了有效的协调作用，尤其可促进多式联运和运输结构调整。

（二）发展内河运输，促进运输结构调整

开发内河航运是一本万利、功在千秋的事业，尤其是对于我国东部地区，开发相关运输和疏通航道，对于运输结构调整，促进经济结构转型升级均具有重要意义。德国开通了西南部的莱茵河—多瑙运河，将欧洲大陆的莱茵河和多瑙河两大水系连接起来，对东西欧间的货物运输及欧洲内陆国的对外联系均具重要意义。同时，德国还制定多种优惠政策，稳定内河航运基础设施建设和内河航运管理资金的来源，对内河航运实施补贴，促进德国内河航运的发展。美国在 2005 年，内河航道长 41842 公里，其中 19312 公里可用于商业航行。

（三）推行立法优先，保障水运工程的顺利实施

相对于我国，美国、德国和日本均具有完善的立法体系，包括海运和港口方面的立法。并且，很多立法权由地方执行，比如美国的立法权由国会及各州议会行使。政府各部门对法律制定享有建议权，并有权在法律层次下，制定相应的规章。日本从中央到地方的管理层级较少，地方行政机关拥有较大的自主权。相对于我国 1987 年才发布《中华人民共和国水路运输管理条例》，后续虽然陆续出台了相关法律法规和条例等，但是与发达国家相比，差距还比较大。

第五章

民航管理体制改革

第一节 我国民航行业管理体制改革历程

新中国成立以来,我国民航行业管理体制改革主要经历五个发展阶段,总体实现了由军民合一向军民分开、政企合一向政企分开、单一运输方式管理向综合运输管理的转变,一系列改革举措极大地解放了生产力,使我国民航逐步发展成为全球第二大航空运输系统。

一 第一阶段(1949—1978年)

第一阶段是初步筹建时期。1949—1978年的30年,我国民航行政管理体制变动频繁,但总体上民航是一个以军队领导为主、政企合一、半军事化的行业,基本实行军事供给制,管理较为粗放。

(一)成立民航局

1949年11月2日,中共中央政治局会议决定,在人民革命军事委员会下设民用航空局,受空军指导。11月9日,中国航空公司、中央航空公司总经理刘敬宜、陈卓林率两公司在香港员工光荣起义,并率领12架飞机回到北京、天津,为新中国民航建设提供了一定的物质和技术力量。1950年,新中国民航初创时,仅有30多架小型飞机,年旅客运输量仅1万人次,运输总周转量仅157万吨公里。

(二)归属交通部

1958年2月27日,国务院通知中国民用航空局自本日起划归交通部领导。3月19日,全国人大常委会第九十五次会议批准国务院将中国民用航空局改为交通部的部属局。1960年11月17日,经国务院编制委员会讨论原则通过,决定中国民用航空局改称"交通部民用航空总局"。为部属一级管理全国民用航空事业的综合性总局，负责经营管理运输航空和专业航空，直接领导地区民用航空管理局的工作。1961 年开始，民航系统认真贯彻执行中央“调整、巩固、充实、提高”的方针，使民航事业重新走上正轨，并取得较大的发展。

到 1965 年，国内航线增加到 46 条，国内航线布局重点，也从东南沿海及腹地转向西南和西北的边远地区，新建和改建了南宁、昆明、贵阳等机场，并相应改善了飞行条件和服务设施，特别是完成了上海虹桥机场和广州白云机场的扩建工程。通用航空的发展在这个时期稳步上升。设备方面，1959 年，中国民航购买了“伊尔-18”型飞机，标志着从使用活塞式螺旋桨飞机，开始过渡到使用涡轮螺旋桨飞机。1963 年，中国民航又购买了英国的“子爵”号飞机，从而结束了长期以来只使用苏制飞机的状况。1965 年末，中国民航拥有各类飞机 355 架。

(三)改为国务院直属局

1962 年 4 月 13 日，第二届全国人民代表大会常务委员会第五十三次会议决定，民航局改称“中国民用航空总局”。4 月 15 日，中央决定将民用航空总局由交通部下属改为国务院直属局，其业务工作、党政工作、干部人事工作等均直归空军负责管理。

“文化大革命”的前五年，民航受到了严重的破坏和损失。1971 年 9 月后，中国民航在周总理的关怀下，将工作重点放在开辟远程国际航线上。到 1976 年底，中国民航的国际航线已发展到 8 条，通航里程达到 41000 公里，占通航里程总数的 41%；国内航线增加到 123 条。设备方面，1971 年，中国民航从苏联购买了 5 架“伊尔-62”型飞机，1973 年又从美国购买了 10 架“波音-707”型飞机，此外，还从英国购买了三叉戟客机，从苏联购买了“安-24”型客机。这样，中国民航各型运输飞机总数达到 117 架，较好地贯彻了“内外结合、远近兼顾”的经营方针。

这一时期，民航由于领导体制几经改变，航空运输发展受政治、经济因素影响较大，1978 年，航空旅客运输量仅为 231 万人次，运输总周转量 3 亿吨公里。

二 第二阶段(1978—1987 年)

第二阶段是稳步发展时期。为了适应改革开放以及党的工作重心转移的新形势,1978 年,邓小平同志提出,按经济的办法来管理经济,要按企业来办。要把军队那一套改过来,拉开了民航行政管理体制以“军转民和企业化”为核心的改革序幕。

(一)军民分开

1978 年 10 月 9 日,邓小平同志指示民航要用经济观点管理。1980 年 2 月 14 日,邓小平同志指出:“民航一定要企业化”。同年 3 月 15 日,中国政府决定民航脱离军队建制,把中国民航局从隶属于空军改为国务院直属机构,实行企业化管理。

(二)政企合一

1980 年 3 月之后到 1987 年,中国民航局实行政企合一,既是主管民航事务的政府部门,又是以“中国民航”(CAAC)名义直接经营航空运输、通用航空业务的全国性企业。下设北京、上海、广州、成都、兰州(后迁至西安)、沈阳 6 个地区管理局,逐步建立了独立经济核算制度,走上了企业化发展道路。1980 年,全民航只有 140 架运输飞机,且多数是 20 世纪 40 年代或 50 年代生产制造的苏式“伊尔-14”型飞机,载客量仅 20 多人或 40 人,载客量 100 人以上的中大型飞机只有 17 架;机场只有 79 个。1980 年,中国民航全年旅客运输量仅 343 万人次;全年运输总周转量 4.29 亿吨公里,居新加坡、印度、菲律宾、印尼等国之后,列世界民航第 35 位。

这一阶段的改革,为民航发展注入了生机与活力,释放了民航生产力。1986 年,航空运输总周转量、旅客运输量和货邮运输量较 1980 年分别增长了 2.61 倍、1.9 倍和 1.52 倍,较改革前的 1978 年分别增长了 4.18 倍、3.31 倍和 2.52 倍。同时,航空运输安全监管并未受到较大影响,航空运输安全水平较为平稳。

三 第三阶段(1987—2002 年)

第三阶段是重组扩张时期。在第二阶段,民航整体实行“政企高度合一”的管理体制,企业缺乏应有的活力,必须继续改革,实行政企分开。在这种形势下,1987 年开启了以“政企分开”“机场与航空公司分设”为主题的民航行政管理体制改革。

（一）成立航空企业

1987 年，中国政府决定对民航业进行以航空公司与机场分设为特征的体制改革。主要是将原民航北京、上海、广州、成都、西安、沈阳 6 个地区管理局的航空运输和通用航空相关业务、资产和人员分离出来，组建了 6 个国家骨干航空公司，实行自主经营、自负盈亏、平等竞争。这 6 个国家骨干航空公司是中国国际航空公司、中国东方航空公司、中国南方航空公司、中国西南航空公司、中国西北航空公司、中国北方航空公司。此外，以经营通用航空业务为主并兼经营航空运输业务的中国通用航空公司，也于 1989 年 7 月成立。

（二）重组地区管理局

组建骨干航空公司的同时，在原民航北京管理局、上海管理局、广州管理局、成都管理局、西安管理局和沈阳管理局所在地的机场部分基础上，组建了民航华北、华东、中南、西南、西北和东北 6 个地区管理局以及北京首都机场、上海虹桥机场、广州白云机场、成都双流机场、西安西关机场（现已迁至咸阳，改为西安咸阳机场）和沈阳桃仙机场。6 个地区管理局既是管理地区民航事务的政府部门，又是企业，领导管理各民航省（自治区、直辖市）局和机场。

（三）成立航空保障性企业

航空运输服务保障系统也按专业化分工的要求相应进行了改革。1990 年，在原民航各级供油部门的基础上，组建了专门从事航空油料供应保障业务的中国航空油料总公司，通过设在各机场的分支机构，为航空公司提供油料供应。属于这类性质的单位还有从事航空器材（飞机、发动机等）进出口业务的中国航空器材公司，从事全国计算机订票销售系统管理与开发的计算机信息中心，为各航空公司提供航空运输国际结算服务的航空结算中心，以及飞机维修公司、航空食品公司等。

（四）调整民航局

1993 年 4 月 19 日，中国民用航空局改称中国民用航空总局，属国务院直属机构。12 月 20 日，中国民用航空总局的机构规格由副部级调整为正部级。

这一阶段改革成效明显，一是进一步释放了民航生产力，各类市场竞争主体和竞争机制，促使市场活力不断增强。1988—2002 年，我国航空运输周转量、旅客运输量和货邮运输量的年均增长率分别为 17.8%、13.9% 和 15.4%。二是安全监管职能得到强化。1994 年以后，民航运输万时事故率下降明显，1994—2000 年的均值为 0.037 次/万时，是 1980—1993 年平均值 0.15 次/万时的四分之一。三是行业管理体制框架基本形成，民航局作为行业监管者的角色定位逐步明晰，监管职能逐步明确，初步形成了较为完善的民航管理体制。

四 第四阶段（2002—2008 年）

第四阶段是迅猛壮大时期。第三阶段改革之后，随着市场供求关系的变化，民航业竞争日趋激烈，我国民航管理体制、运行机制方面存在的一些深层次矛盾和问题逐步显现，制约了生产力的进一步发展以及国际竞争力的提升。在这种形势下，2002 年开启了以资产重组、政企分开、属地管理为主要内容的新一轮改革。

（一）资产重组

2002 年 3 月，中国政府决定对中国民航业再次进行重组。在企业层面，将航空公司与服务保障企业进行联合重组。民航总局直属航空公司及服务保障企业合并后，于 2002 年 10 月 11 日正式挂牌成立，组成为六大集团公司，分别是中国航空集团公司、东方航空集团公司、南方航空集团公司、中国民航信息集团公司、中国航空油料集团公司、中国航空器材进出口集团公司。成立后的集团公司与民航总局脱钩，交由中央管理。

（二）改革民航监管机构

一是明确民航总局承担民用航空的安全管理、市场管理、空中交通管理、宏观调控和对外关系等方面的职能，不再代行各大集团公司国有资产所有者职能，移交国务院国有资产管理部门管理。二是民航各省、区、市管理局实行政企分开，组建机场管理机构和航空安全监管办公室。民航总局下属 7 个地区管理局（华北地区管理局、东北地区管理局、华东地区管理局、中南地区管理局、西南地区管理局、西北地区管理局、新疆管理局）和26个省级安全监督管理办公室（天津、河北、山西、内蒙古、大连、吉林、黑龙江、江苏、浙江、安徽、福建、江西、山东、青岛、河南、湖北、湖南、海南、广西、深圳、重庆、贵州、云南、甘肃、青海、宁夏），对民航事务实施监管。经过该次改革，民航建立起三级政府监管体制。

（三）机场属地管理

按照政企分开、属地管理的原则，对90个机场进行了属地化管理改革，民航总局直接管理的机场下放所在省（自治区、直辖市）管理，相关资产、负债和人员一并划转；民航总局与地方政府联合管理的民用机场和军民合用机场，属民航总局管理的资产、负债及相关人员一并划转所在省（自治区、直辖市）管理。首都机场、西藏自治区内的民用机场继续由民航总局管理。2004年7月8日，随着甘肃机场移交地方，机场属地化管理改革全面完成。

（四）加入国际组织

2004年10月2日，在国际民航组织第三十五届大会上，中国以高票首次当选该组织一类理事国。

本次改革，是1980年、1987年两次民航行政管理体制改革的延续和深化，是一次较为成功的民航行政管理体制改革。一是民航生产力快速提升。2003—2008年，我国航空运输周转量、旅客运输量和货邮运输量的年均增长率分别为15.3%、15%和12.6%。中国航空运输总周转量在2005年跃居世界第二位，并持续保持，确立了我国全球民航运输大国地位。二是航空运输安全水平明显提高，事故率年均值为0.003次/万时，安全运输水平较前阶段提升明显。三是机场属地化改革调动了地方政府发展民航的积极性，有助于推动综合交通运输体系建设。四是基本确立了与适应社会主义市场经济、符合行业发展规律并与国际接轨的新型民航管理体制。

五 第五阶段（2008年至今）

第五阶段是持续快速发展时期。这一阶段改革是在探索建立大部门体制和加快推进综合运输体系的背景下推进的。根据第十一届全国人大第一次会议通过的《国务院机构改革方案》，将交通部、中国民用航空总局等机构的职责，整合划入交通运输部；组建国家民用航空局，降为副部级，变为隶属于交通运输部的部委管理的国家局；不再保留交通部、中国民用航空总局。民用航空局的内设机构、直属机构、机构职责如下。

（一）内设机构

如图5-1所示，民用航空局有17个内设机构，分别是综合司、发展计划司、国际司、航空器适航审定司、公安局、全国民航工会、航空安全办公室、运输司、飞行标准司、机场司、空管行业管理办公室、财务司、人事科教司、政策法规司、直属机关党委、党组纪检组和离退休干部局。

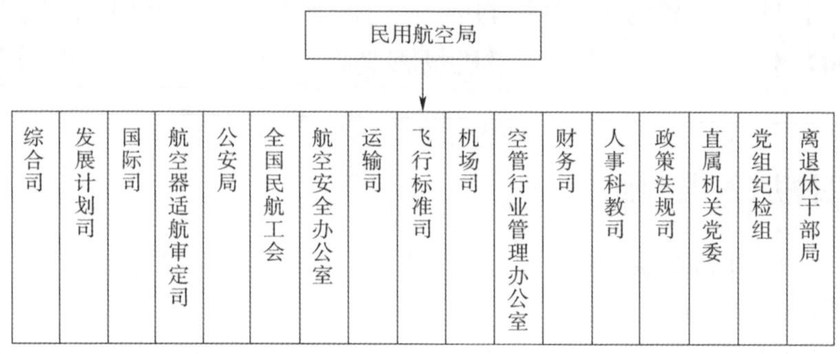

图5-1　民航局内设机构图

（二）直属机构

民用航空局直属机构有23个，分别是中国民用航空华北地区管理局、中国民用航空东北地区管理局、中国民用航空中南地区管理局、中国民用航空华东地区管理局、中国民用航空西南地区管理局、中国民用航空西北地区管理局、中国民用航空新疆管理局、中国民用航空局空中交通管理局、中国民用航空局机关服务局、中国民航科学技术研究院、中国民航报社出版社、民航医学中心（民航总医院）、中国民航大学、中国民航飞行学院、中国民航管理干部学院、中国民用航空局清算中心、民航专业工程质量监督总站、中国民用航空局民用航空医学中心、中国民用航空局信息中心、中国民航局第二研究所、首都机场集团公司、中国民用航空局审计中心和中国民用航空局国际合作中心。

(三)机构职责

(1)提出民航行业发展战略和中长期规划、与综合运输体系相关的专项规划建议,按规定拟订民航有关规划和年度计划并组织实施和监督检查。起草相关法律法规草案、规章草案、政策和标准,推进民航行业体制改革工作。

(2)承担民航飞行安全和地面安全监管责任。负责民用航空器运营人、航空人员训练机构、民用航空产品及维修单位的审定和监督检查,负责危险品航空运输监管、民用航空器国籍登记和运行评审工作,负责机场飞行程序和运行最低标准监督管理工作,承担民航航空人员资格和民用航空卫生监督管理工作。

(3)负责民航空中交通管理工作。编制民航空域规划,负责民航航路的建设和管理,负责民航通信导航监视、航行信息、航空气象的监督管理。

(4)承担民航空防安全监管责任。负责民航安全保卫的监督管理,承担处置劫机等非法干扰民航事件相关工作,负责民航安全检查、机场公安及消防救援的监督管理。

(5)拟订民用航空器事故及事故征候标准,按规定调查处理民用航空器事故。组织协调民航突发事件应急处置,组织协调重大航空运输和通用航空任务,承担国防动员有关工作。

(6)负责民航机场建设和安全运行的监督管理。负责民用机场的场址、总体规划、工程设计审批和使用许可管理工作,承担民用机场的环境保护、土地使用、净空保护有关管理工作,负责民航专业工程质量的监督管理。

(7)承担航空运输和通用航空市场监管责任。监督检查民航运输服务标准及质量,维护航空消费者权益,负责航空运输和通用航空活动有关许可管理工作。

(8)拟订民航行业价格、收费政策并监督实施,提出民航行业财税等政策建议。按规定权限负责民航建设项目的投资和管理,审核(审批)购租民用航空器的申请。监测民航行业经济效益和运行情况,负责民航行业统计工作。

(9)组织民航重大科技项目开发与应用,推进信息化建设。指导民航行业人力资源开发、科技、教育培训和节能减排工作。

(10)负责民航国际合作与外事工作,维护国家航空权益,开展与港澳台的交流与合作。

(11)管理民航地区行政机构、直属公安机构和空中警察队伍。

(12)承办国务院及交通运输部交办的其他事项。

2008年的改革,标志着民航管理体制开始进入综合运输管理体制阶段。随着2013年3月第十二届全国人民代表大会第一次会议通过《国务院关于提请审议国务院机构改革和职能转变方案》,不再保留铁道部,组建国家铁路局和中国铁路总公司,我国民航、铁路、公路、水运、邮政初步实现了综合管理。

第二节 国外民航行业管理体制情况

一 美国

(一)行业发展概况

美国在世界民航业中一直处于领先地位。自1978年开始放松管制以来,美国民航行业经过一轮又一轮的竞争、兼并、联合、重组,不断有公司被市场淘汰,也有优秀者脱颖而出不断发展壮大。随着市场竞争机制充分发挥作用,以及民航体量越来越大,再加上科技的日新月异,美国民航业已处于比较成熟的发展阶段。

根据国际航空运输协会(IATA)的数据,2017年全球航空旅客总量为40.8亿人次,同比增长7.1%,其中美国的客运量为8.4亿人次,同比增长2.6%,全球占比为20.6%,位居世界第一,是第二名中国的1.5倍。2017年,美国国内和国际航班总量为985万个,航班总量虽然近几年整体上升,但是低于2005年的峰值。近10年来,航空公司的机型越来越大,客座率不断提高,单班载运的旅客数量越来越多。根据美国联邦航空管理局(FAA)的预测,美国客座率仍将持续提高,预计在2038年达到86.6%的峰值。美国航空发展出现如下特点:

一是国际旅客增长快于国内旅客增长。截至2017年,美国的国际旅客周转量已经连续五年超过国内旅客周转量。而国际市场上,外航的比重越来越高。国际旅客的增长点主要来自中东和中国,然而这两个区域的增长却来自于外航在对运市场上的份额不断扩大。根据FAA的预测,下一个五年(2018—2023年)美国航空客运量的年平均增速为1.8%,在中国能够保持"十三五"增速的前提下,美国将于2023年被中国超越。

二是运力的集中越来越明显。美国民航业经过长时间的竞争以及行业波动后,各大航空公司通过兼并重组,实现运力集中控制。和中国情况比较相似,美国民航业目前主要由四大航空集团占主导地位,分别是美国航空、达美航空、联合航空和西南航空。通过市场垄断地位对供给和需求进行调节,通过减缓运力引进速度提升客座率和票价水平,从而实现连续盈利,代表行业运力集中度的变化趋势。

三是机场的发展带有不确定性。从公共机场未来基础设施建设的预算来看,来自美国政府的积极信息并不多,包括机场改善项目资金缩减、FAA整体预算减少等。同时,机场私有化的重新推动,也将对未来基础设施的不确定性产生影响。

(二)管理体制改革历程

在世界民航管理体制发展史上,美国率先进行了航空自由化的探索。航空自由化主要是指改革航空运输的管理体制和方法,从政府对企业经营活动的详尽管理过渡到更多地依靠市场力量予以调节,给予企业更多的经营权利和灵活性。它包括紧密联系的两方面内涵:一是国内航空运输的自由化,即"放松管制";二是国际航空运输的自由化,即"天空开放"。

回顾美国航空自由化历程,大致经历了航空规制取消、"市场开放"政策推行、"天空开放"推进三个阶段。

1.航空规制取消

20世纪20—30年代,美国民航处于幼年时期,航空公司也处于发展的起步阶段。美国政府担心,在航空公司技术设施和经营管理水平有限的情况下,过度的市场竞争将导致航空资源浪费,也不利于航空安全保障。为了避免航空过度竞争给新兴的航空业带来毁灭性打击,美国政府颁布了《民用航空法案》,用以规范和控制各航空公司之间的竞争。法案明确规定,航空公司的成立、进入或者退出某一航线市场、票价的制订,均需得到政府的批准。同年，美国成立了航空运输管理委员会（CAB）。这一机构被授权对州际价格、航线、邮件的价格和航空安全有关的所有问题进行管辖，其中包括航线经营权的授予。在此后的40年中，航空运输管理委员会一直严格地使用着它的权力。

20世纪70年代，管制内航空公司和管制外航空公司的经营状况反差极大。据国际航空运输协会的资料统计，1971年美国国内航空公司的平均客座率只有48.5%，直到1977年，从没有超过56%。与此形成鲜明对比的是，不受航空运输管理委员会管辖的美国各州内航空公司，如位于加州内的太平洋航空公司、位于达拉斯的西南航空公司，它们的票价比受管辖的航空公司平均低32%～47%，却深受旅客欢迎。这一状况的存在，也使反对航空规制的呼声日益强大。

1974年下半年，经过美国参议院司法分会的听证，一份关于美国航空运输管理协会管理改革的特别报告出台。报告列举了航空运输管理协会在管理航空运输业过程中存在的问题："排除了新航空公司进入主要航线的可能性；保护了生产效率相对较低的航空公司的利益；导致了航空运输业过高的劳动力成本和过高的服务成本；缺乏对价格竞争的注重和价格—质量水平的权衡，难以满足不同顾客的需要"。

1978年10月，时任美国总统卡特签署了《航空公司取消规制法案》。该法案要求逐步排除航空运输委员会对航线进入退出、票价变动、航空公司成立等方面的管制，允许航空公司自主进入市场、自主拓展业务，允许自由兼并与重组。航空运输委员会也于1985年1月1日被撤销，这标志着美国航空政策从限制竞争转向了鼓励竞争。

2."市场开放"政策的推行

《航空公司取消规制法案》的通过，宣告了美国航空自由化的开始。在国内航空运输业获得更加自由的运营环境后，美国政府将更自由航空运输环境的争取进一步推向了国际市场。1977—1985年，美国政府与多个国家进行了激烈的双边谈判。其中1978年3月，美国政府与荷兰政府重新修订的航空运输协议，为美国推行的"市场开放"政策树立了典范。双方同意淡化政府在运力、班次、定价及市场等方面的监管角色。到20世纪80年代中期，建立一个更加开放的规制体系的概念被引入许多国家和地区，国际航空运输业的规则也在新双边协定的签订中发生了改变，一个更加自由的国际航空经营空间逐步打开。新的双边协定中，市场准入开放是一个重要变化，缔约国之间的通航地点增加，取消了对包机权利的限制；航权方面，给予空运企业更广泛的第五航权，允许缔约国各方根据自己需要，指定任意多的空运企业经营商定的航线，并增加了允许半途更换机型的权利；运力安排方面，取消了对航班次数和运力的限制；运价管理方面，实施“双不批准原则”，即只有在双方政府均不批准报审运价的情况下，运价协议才无效，这意味着航空票价向自由化迈出了一大步。

3.“天空开放”的推进

在“市场开放”协定签订和实施后的10余年里，大批新兴的航空公司倒闭或被兼并重组，在美国航空市场上出现了一些大公司，如美国航空公司、联合航空公司等。这些大航空公司不满足于“市场开放”政策下的国际航空经营范围和自由程度，强烈要求进一步推进航空自由化。

1992年9月，美国与荷兰政府签署了第一个“天空开放”协定，标志着国际航空运输规制的进一步放松。相比较于1978年的双边协定，新的协定完全放开了市场准入，缔约国双方的航空公司有权飞往对方国家的任意地点，突破了原协定中外国航空公司只允许飞往美国境内有限几个通航点的限制；航权方面，缔约国都提供无限制的第五航权；运价管理方面，“双不批准原则”被自由定价取代，除非出现歧视性价格等情况，政府一般不干预票价的制定。新协定中增加了航空公司可以自由签署代码共享协议或其他商业合作协议。

20世纪90年代末，在欧洲市场通过第二套一揽子措施基本实现了欧洲航空市场自由化之后，美国又先后与新加坡、文莱、日本等亚洲国家和中国台湾、中国香港地区达成了取消在航空运输业中大部分限制的协定，开拓美国与亚洲的“天空开放”市场。到2000年5月，美国与60个国家和地区签署了“天空开放”协议。2003年6月，欧洲运输部长理事会授权欧盟委员会与美国进行磋商，全面开放欧美之间的航空运输。双方于2007年4月30日签署了欧美“天空开放”第一阶段协议，于2008年3月30日生效。根据新协定，欧盟27个国家的任意一家航空公司都可以从本国境内的任意城市飞往美国的任意城市，反之亦然。协议在为双方航空公司提供新的航权的同时，为欧美双方管理当局提供了广泛的合作平台，消除了跨大西洋及更远航线在市场准入、运力、运价方面的障碍。欧美“天空开放”协议的签订，拉开了跨大西洋航空运输市场建设的序幕。

2010年3月25日，美欧初步达成了“天空开放”第二阶段的协议。在第一阶段协议实现航线开放的基础上，新的协议着重关注实现欧美航空业的投资开放。新协议规定，如果美国国会批准解除外商在美国航空企业的投票权限制在25%的规定，欧盟将允许美国对欧盟航空公司拥有主要所有权；如果欧盟立法机构修订关于机场噪声的限制规定，欧盟航空公司将可以经营美国至欧盟以外的国家间航线，同时欧盟在非洲或其他地区的第三方航空公司享有拥有主要所有权后经营美国航线的权利。欧美空运量约占全球空运总量的60%，“天空开放”协定的签订，是航空自由化历史上里程碑式的事件，它意味着跨大西洋统一的航空市场正在形成。

(三)管理体制现状

美国联邦航空局主要任务是保障民用航空的飞行安全，促进民航事业的发展，但不直接经营民航企业。

联邦航空局的机构设置分总部、地区机构和地方机构三级。总部设在华盛顿，是国家的行政机构，负责制定民用航空的政策、规划和颁布规章制度，处理国际民用航空事务，领导本系统各地区和地方机构的工作。

地区机构是管理本地区民用航空业务的工作机构，负责审查、颁发本地区民用航空领域内各种合格证件和技术业务人员执照，对所辖地方机构实行技术指导和管理。

在北美大陆的美国境内共划分为9个地区，各地区设办事处。美国联邦航空局根据所制定的《联邦航空条例》，直接实施空中交通管制，为民用航空产品颁发型号合格证、生产许可证和适航证，为航空运输企业颁发营业执照，为机场和各类航空设施颁发合格证等，在民用航空领域内对飞机的设计、生产、使用、维护以及空中运输、地面保障等进行全面的监督、控制和管理。

二 日本

(一)管理体制改革历程

第二次世界大战后，日本民航业百废待兴，国内市场严重发育不全，此时日本政府所面临的问题，是如何扩大与发展市场。

1. 政府主导

1953年颁布的《日本航空公司法》及同年10月成立的日本航空公司

(JAL),预示着政府主导下民航业的发展。1970 年(昭和四十五年)内阁会议通过并于 1972 年(昭和四十七年)运输大臣亲自指令执行的“45.47”体制(昭和四十五年通过,四十七年执行),即日本的“航空宪法”,对政府保护和培育航空公司进行严格的“分业管制”。

2. 开放市场

1985 年,在航空货运领域开放市场,从此日本航空业的“45.47”体制被打破。1987 年 9 月,日本废除了《日本航空公司法》,开始实行同一条航线由 2 家和 3 家公司运营、机票价格打折等措施。对每年需求在 100 万人次以上的航线,实行由 3 家公司运营,70 万人次以上的航线由 2 家公司运营,往返于东京、名古屋、大阪等城市之间的航班另有特殊规定。此外日本还放松了价格管制,规定当打折幅度在 35% 以下、期限在 1 年以内的,无须经过运输审议会审议。但是,这些措施都没有改变航空业准入的营业执照制、运输价格认可制以及确保安全条件的规定,日本航空业仍维持原来的垄断结构,并没有真正展开市场竞争。

3. 放松管制

进入 20 世纪 90 年代特别是中期以后,日本加快了航空业管制改革的步伐。1992—1996 年,日本两次降低多家公司运营标准,并于 1997 年最终废除,结果多家公司运营的航线迅速增加。到 1998 年 4 月,日本由 3 家公司运营的航线增加到 25 条,由 2 家公司运营的航线增加到 37 条。

2000 年 2 月 1 日,日本开始实行修改后的航空法,规定航空公司只要具备条件,都可以自由设定航线和航班次数。

(二)管理方式特点

日本政府在民航业经济职能和管理方式的特点,与美国政府有共同之处,但也存在着很多不同。共同之处是:以法律形式保证政府行为的合理性、合法性以及规范性,根据市场不同发展阶段,适时调整经济职能和方式。不同之处是:日本政府经济职能虽然转变,但政府干预的广度、深度、力度仍保持强势。

1. 立法在先

马克斯·韦伯的《新教伦理与资本主义精神》提出:“合理的现代资本主义不仅需要技术生产手段,而且需要一种可靠的法律体系和按章办事的行政管理制度。”日本“45.47”体制的建立,就为政府干预民航业成长设立了职能目标与管理手段。

为推动政府削减经济职能,日本又于1987年9月废除了《日本航空法》,这就为航空公司实行全面的民营化铺平了道路。而且也为放松价格管制、航线分配管制与承运人准入管制树立了法律标准。这些法律的颁布实施,规范了政府在民航业应有的经济职能和管理方式,使得日本政府无法随意干扰空运市场,行政权力受到法律的制约。

2. 适时调整

由于长期享受着政府各种优惠,并居于行业的垄断地位,空运企业缺乏竞争意识,服务质量差,事故频繁。1985年8月,日本航空公司发生了航空史上最严重的“波音747”飞机失事事故。在此背景下,日本政府采纳了各方的批评意见,并对现行的航空政策重新进行评价,主要是政府接受了日航提出的几点建议:日航已经成长壮大到了无须政府援助的地步;在实施促进竞争的基础上,只给日航特殊地位已经不合适了;日航经营体制来自依赖国家的经营体制,必须认真实施合理化经营。因此在运输政策审议会上,政府确定施行日航完全民营化的方针。

3. 政府控制

日本政府不断通过产业政策调控航空业。产业政策是基于政府经济职能而制定,如最新制定的“新新政策”继续强调了政府对许可证制度的控制。该政策继承了1985年日本交通政策咨询委员会提出的三点促进竞争的建议:国际航线应允许多家承运人经营;应鼓励国内航线竞争,方式是允许新进入者进入城际航空市场;日本航空公司应完全私有化。在执行层面,于1996年调整了“零点票价系统”,即政府设立一个零点固定价格,允许航空公司在一定区间内浮动,这就给了航空公司定价的主动权。虽然如此,运输省仍然控制着航线许可证和国内航班的降落权分配。

三 英国

(一)管理体制改革

第二次世界大战后的英国,在近40年时间里,执政党主要推行国有化政策,公共事业均由国企统筹运营,民营企业不具备进入资质。几十年的时间里,帝国时代的风范与日剧减,经济发展停滞不前,国际地位不断降低。民航运输业发展方面,这个老牌资本主义强国更是停滞不前。这段时期,民航运输业均顶着国有企业的帽子,英国政府不仅对民航运输业实施了严格的管制,还每年在政府财政预算中拨巨额资金作为票价补贴,致使民航票价长期处于高位,人民群众被抛离在航空旅客的群体之外,造成民航经济无法发展。

1. 民营化改革

1979 年,英国执政党轮换,"铁娘子"撒切尔夫人作为当时的政府首脑,面对国内经济萧条的局势,大刀阔斧地进行了一系列经济体制改革,最主要的就是通过出售国营企业股份,在全行业推行民营化改革,重新激活市场发展经济。

就在这样的大背景下,民航运输业开启了以"民营化"为特征的政府规制改革。例如,从 1979 年开始,英国政府便对当时民航龙头企业不列颠航空公司(BA)实行私有化改革,1984 年和 1987 年,两度出售政府持有的企业股份,逐渐使其成为民营航空公司。

2. 立法铺垫

在企业私有化的前期,政府有预见性地做了铺垫,即在 1980 年就颁布实施了《民用航空法案》,要求政府放开管制,让民航回归市场,正是在这一法案的推动下,大量宽松政策如雨后春笋般刺激着民航市场。一是降低了民航企业的进入门槛,尽管初期仍保留了对一些运营繁忙、航空服务密集的机场(如伦敦希思罗机场)的管制,但在随后的改革进程中,也逐步交由市场自身解决。二是取消了政府对国内运价和航线的审批权。三是根据法案的要求,依法设立了管制部门——航空管制办公室,隶属于英国民航局。四是英国政府组织成立航空消费者委员会,在民航运输业政府管制办公室管理体制之外,针对民航运输业政府管制部门及其工作开展,专门代表消费者履行政府外的监管工作。

20 世纪 80 年代末,随着 BA 在伦敦交易所上市,标志着英国政府在民航运输业政府管制中推行的"民营化"改革取得了阶段性的成果。这次改革,从本质上实现了"政企分开",释放了政府扮演多角色的工作压力,也解放了民航生产力,让市场竞争替代民航运输业政府的日常管制。

3. 价格管制体制改革

在英国民航政府管制改革中,还有一个十分值得参考之处,那就是价格管制体制改革。为使价格管制更加合理,英国政府还创造性地制定了RPI-X价格管制模型,也称“价格上限管制模型”,按照这个模型,民航票价相当于被政府设置了一个浮动上限,而决定这个上限的,又是企业的定价和物价水平。在这个政策的推动下,英国民航运输业由政府管制实现了向资源优化配置方向的迈进。

(二)管理方式特点

1. 立法基础

立法是实现改革的基础。1980 年英国出台《民用航空法案》,为政府管制设定了新的目标,也为管制部门的定位和政策制定提供了依据。这套法律体系推动了英国民航民营化改革的顺利开展,到 1987 年,政府管制改革顺利落地。

2. 政企分开

“政企分开”是改革的重中之重。在民营化改革之前,英国民航实际由政府经营,政企不分的本质让整个民航运输业死气沉沉。为了解放生产力,同时使政府从企业运营的枷锁中解脱出来,实现“有形的手”和“无形的手”共同作业,英国政府实施了私有民营化战略,从根本上调整了原来政府和企业的关系。这样一来,民航企业能够真正进入市场,拥有应对各种市场变化做出响应的决策权利。而作为管制主体的政府部门,也能真正成为行业的组织者和裁判,从公共利益的角度出发,改善管制效能。

3. 第三方监督

第三方参与监督也是改革的一个重要方面。由政府管制俘虏理论可知,处于行业领先或垄断地位的市场主体与管制主体之间的关系错综复杂,当英国民航发生历史上最大的并购案,即不列颠航空公司收购不列颠苏格兰航空公司后,其市场占有率达到 60% 。英国政府并没有通过直接介入的方式,而是运用社会监管机制,根据《民用航空法案》建立了航空消费者委员会,作为在管制办公室以外独立运行的机构。依靠法律赋予的监督权,航空消费者委员会履行了主体监管和过程监管的两大重要职能,为英国民航监管的市场公平提供了有效的保护。

4. 价格刺激

充分利用价格杠杆刺激市场,是政府管制改革的重要工具。最初的严格管制，催生了效率低下的民航经济。英国政府在随后的管制改革中，充分利用了价格杠杆的积极作用，实施了激励性管制，这在当时乃至此后的世界民航运输业政府管制改革中，都是一次大胆的尝试和创新。就在 RPI-X 价格模型作为管制手段实施后不久，英国的民航企业在这个激励性管制刺激下，迅速适应了市场需求，各项民航技术革新和管理升级，带来了企业不断增长的利润，也促使整个民航运输业资源的良性循环，为公众带来福音。

四 欧盟

（一）行业发展概况

在北美、欧洲和亚太全球三大区域航空市场中，欧洲属于比较成熟的市场。天空一体化的改革和自由化政策的实施，促进了欧洲航空运输的国际化发展，并有力地推动了欧洲经济迈向全球一体化。

2015 年，欧洲地区航空旅客占全球整体市场份额的 26.7%，排名第二；国际旅客运输量排名第一，国际化率 89.1%。欧洲民航市场航空公司的市场集中度增强，经过多年的整合，目前呈现出三大航空集团长期占据超级承运人地位，而廉航在夹缝中异军突起的局面。

2004 年，法国航空和荷兰航空合并，成立了法航—荷航集团，2011 年，英国航空和西班牙国家航空合并成立国际航空集团（IAG）。这两家新成立的航空公司与欧洲传统民航巨头汉莎集团已在欧洲形成了“三分天下”的格局。汉莎航空目前已经拥有奥地利航空、瑞士航空和布鲁塞尔航空，加上 2017 年纳入囊中的柏林航空，成为欧洲名副其实的民航业巨无霸。与此同时，2008 年以来的高失业率和总体不佳的经济形势，促进了欧洲区域内廉价航空公司的快速发展，以瑞安航、易捷航为代表的廉航业绩逆市上涨，甚至部分威胁到了三大航在国内市场的根基。

此外，欧洲航空运输市场近年来一个很大的特点，就是很多大型航空公司都投资成立了低成本航空子公司，如挪威航空、汉莎航空等，以争夺休闲旅客。与其他地区的低成本航空公司发展策略有所不同，欧洲很多低成本航空公司开始试水远程航线。

欧洲机场不同于美国机场的政府公益性质，以商业化运营为主，并且大都是上市公司。伴随着经济的发展，欧洲大陆形成依托经济体和旅游商务的国际航空枢纽，尤其是伦敦希斯罗、巴黎戴高乐、德国法兰克福、荷兰阿姆斯特丹四大航空客货综合枢纽乃至现代航空城。同时也发展出专业化分工的货运航空枢纽莱比锡、科恩和卢森堡等。

(二)管理体制改革历程

欧洲在民航管理上，也尊崇政府与市场分开的原则，特别是继美国实施自由化政策之后，也在管理体制上推动市场开放。

欧洲内部航空的自由化措施，旨在创造欧盟内部的统一市场，促进竞争、发展以及稳定。欧洲的自由化竞争，首先从支线航空公司开始，20 世纪 80 年代中期，才允许包机公司进入定期航空运输市场。

1988 年，引入多级票价，在保护处于过渡期小交通量航线经营的前提下，允许所有欧洲共同体的航空运输公司在成员国内进行第三、四、五、七种航空权经营，向各成员国航空公司开放国内航行权。

从 1993 年开始，航空运输领域诸如认证、市场准入、定价、运力、竞争以及机场使用等方面的欧盟法令在各成员国适用。欧盟成员国航空公司在成员国之间的飞行不受任何限制，在欧盟其他成员国内飞行仅受到票价和运力方面的某些限制。

1997 年 4 月 1 日，欧洲经济区(EEA)17 个成员国内航空市场完全自由化。从 1997 年开始，欧盟成员国国内空运权对其他成员国全部开放，在欧盟内部，无论国籍，只要是欧盟的自然人和法人，都可以在欧盟统一大市场设立航空运输企业，从事飞往欧盟内部任何地点的运输，而不需要得到政府的许可。除了某些需要事先确定的情况外，对票价也不实行管制。另外，定期航班和不定期航班的区别也已经取消，这样航空公司就可以根据市场来提供相应的运输服务。自此，欧盟统一航空运输市场形成。

(三)管理体制现状

1. 欧洲民航的统一管理体制

欧盟把发展民航业作为提高其全球竞争力和促进欧洲一体化的重要手段和途径，逐步实现了民航业政策法规的统一制定和实施。欧洲统一的民航管理归属于欧洲航空安全局(EASA)，这是“欧洲单一天空”政策的产物，该机构成立于 2002 年。

之前的欧洲各圈的航空当局，会根据本国的情况，制定相应的航空法规,各国间的航空规则标准不能完全统一,这不利于欧洲区域一体化的进一步发展,也不能满足欧洲航空领域未来的需要。因此,客观上就需要一个拥有更大权利的、对成员国具有约束力的组织来统一管理欧洲的航空领域,这就是欧洲联盟领导下的"欧洲航空安全局"。

欧洲航空安全局是欧盟机构,在民用航空安全领域执行监管任务。欧洲航空安全局的总部设在德国科隆,成立于2002年7月15日,在2008年全面实现其功能,正式取代联合航空局(JAA)。

欧洲航空安全局的职责包括进行安全性分析和研究,授权国外运营商,提议并起草欧盟法规,执行和监测安全规则(包括对其成员国的观察),给飞机及其组件进行型号认证,以及批准相关航空产品的设计、制造和维护。

EASA的成立,对全球民用航空业带来了巨大影响。由于欧盟从15个国家扩大到25个国家,新成员的加入,为欧盟航空业的发展注入了新的活力。劳动力和货物在成员国之间自由流动,是欧盟的一个基本原则。

2. 法国的民航管理体制

法国位于欧洲西部,面积为55.16万平方公里,是世界上交通运输较发达的国家之一,也是世界上最早建立国际航空业务的国家之一,素有"空中中转站"的美称。世界上与巴黎有空中往来的城市达480多个,80多个国家的170多个航空公司均与巴黎机场有直接业务关系。

法国民航归运输部民航局管理,10800名公务员分布在法国各大城市和7个海外办公室中。在机构设置上,法国运输部全称为法国公共建设工程、运输和住房部。法国民航局(DGAC)是法国运输部下属局之一。其主要职责是负责所有与民用航空有关的政府事务,包括空中交通管制、航空器执照颁发以及技术监察、航空培训监管、机场工程建设、机场监管、航空承运人以及航空项目发展等。具体职责如下:

(1)机场处(SBA):负责制定机场管理、技术规章、长期发展规划、环境保护等政策。法国几乎所有的机场都采用了特许经营合同的方式,并按照当前一系列新的条款进行管理。SBA负责确保机场运行符合ICAO推荐的安全措施,同时还要对各机场控制噪声和减少水污染等方面进行管理。

(2)航空培训和技术监察服务处(SFACT):负责起草有关航空器制造、运行和维修人员的技术及有关企业的资质方面的规章。它对民航行业、航空公司、飞行人员等是否符合有关规定进行持续监管,其监管范围涉及航空器及其运行体系的各个方面,包括有关仪器的设计和批量生产后的适航性,航空器执照颁发,航空器的制造、运行及维修,同时还负责维修工厂的审批、机组人员培训以及私人和专业机组人员的执照颁发。

(3)航空运输处(DTA):负责经济监管,就相关政策和与欧盟规章协调方面给政府提出建议。负责从经济和财务角度对法国航空公司进行监管;颁发航空运输许可证;给在欧盟市场之外提供航空服务的公司颁发执照;负责航空器登记;制定机场的航班时刻分配规则;确保航空承运人之间的公平竞争,监督对旅客服务的质量;负责收集并向 ICAO 和其他国际组织提供法国航空运输资料数据;进行有关经济和规划研究,以协助确定航空业中期和长期发展规划。

(4)航行处(DNA):是民航局下属三大处之一,负责制定适用于航行系统的规章,同时履行其作为国际航行合作委员会会员的职责;负责对设备的运行和投资项目以及对空中交通管制员的培训。

(5)国际事务处(MEX):在国际市场上代表法国民用航空寻求发展国际合作和出口,负责法国与外国机构的联系,并组织专门技术的输出。

(6)多边关系处(MRM):负责与法国相关政府机构和部门一起协调民航局与国际及欧盟机构间的航空活动。

(7)民用航空项目处(DPAC):负责对民用航空设备研究、运行和制造项目的监督。

(8)事故调查局(BEA):负责对民用航空事故和事件进行技术调查。该机构完全独立于民航局之外,但又与民航局密切合作,并确保民航局能畅通地获得其已掌握的和事故调查中发现的信息。

五 经验借鉴及启示

(一)政企分开

欧美都实行了较为彻底的政企分开,即便是在传统的政府管理领域,也在积极推动市场化。在机构设置方面,美国政府全力支持成立一家独立于联邦航空管理局(FAA)的非营利性企业,对全美空中交通系统进行统一管理。新的 NGO 将由 13 个董事会成员管理,以接手 FAA 对民航空中交通管理系统的所有权。目前,美国政府尚未明确政府是否投资新的 NGO,也没有明确资本投资比例,但私有化改革的方向不会改变。这一全新的空中交通管理体制,可以解决政府管理的低效率问题,将空管系统与其服务对象的根本利益直接挂钩,使之形成经济共同体、价值共同体和命运共同体,发挥“无形之手”的重要作用,体现鲜明的市场经济导向功能。欧洲也实行了类似的政策。这就启示我国在下一步的改革中,需要进一步推动政企分开,减少对航空企业的经济性管制。

(二)推进市场化

市场化、自由化是美国和欧洲航空管理体制最明显的特点。美国航空运输管理委员会原来对企业的管理较多,之后政府管理集中于安全监督,市场运行由航空企业通过竞争来解决。特别是近30年来,政府对航空资源的配置不断放松管制,促进了航空事业的大发展,成就了美国发达的航空运输业。欧洲的“天空开放”政策促成欧洲航空市场复苏和繁荣,国际化开放和国际旅游支持欧洲民航业从经济危机中复苏。同时,开放化的航空市场造就了一批成熟且具有全球竞争力的低成本航空公司,给欧洲大陆航空业带来了二次繁荣。这就启示我们,需要进一步制定促进开放竞争的市场化政策,将市场在资源配置中的决定性作用充分发挥出来。

(三)法律法规保障

无论是严格管制与放松管制,都应在法律法规框架下开展。美国《民用航空法案》建立了严格管制的体系框架,《航空公司取消规制法案》则建立了放松管制的制度体系,这些法律法规的制定,都为政策的出台奠定了法律基础,发挥了很好的引导作用。欧盟在航空管理体制变革中,特别是在推进自由化和欧盟航空运输市场一体化改革的过程中,也分别在1987年、1990年和1992年三次颁布了相应的法律法规,予以保障改革的推进。例如,在1992年,欧盟进一步颁布由3个理事会条例组成的一揽子自由化规定,这3个条例分别是《1992年第2407号关于航空承运人许可证条例》《第2408号关于共同体承运人进入共同体内部航线条例》和《第2409号关于航空服务票价和费用条例》。这就启示我们,在推进管理体制改革过程中,需要做到立法先行,使各项体制改革在法律的轨道下有序开展。

邮政管理体制改革

第一节　我国邮政管理体制改革历程

第二节　国外邮政行业管理体制情况

第一节 我国邮政管理体制改革历程

 改革前(1949—2002 年)

新中国成立后,于 1949 年 11 月 1 日设立邮电部,统一管理全国邮政和电信事业,确定邮政名称为“中国人民邮政”,从此,开始了近 50 年的政企合一、邮电合一的经营模式。

1986 年 12 月 2 日,《中华人民共和国邮政法》在第六届全国人民代表大会常务委员会第十八次会议上获得通过,自 1987 年 1 月 1 日起生效,这是我国第一部关于邮政的法律,确定了邮政政企合一的运营模式,规定了邮政普遍服务的功能和邮政专营权的范围。

1998 年 3 月 10 日,信息产业部成立,随后邮电分营,成立了国家邮政局。国家邮政局既对全国邮政业进行管理,又提供邮政服务业务。

政企合一的经营模式,对保证公民的通信权利、维护国家的安定团结和促进社会进步起到了重要的作用。但随着通信和信息技术的发展,世界各国邮政改革的深化,我国加入世贸组织(WTO)之后对市场开放承诺的兑现,以及国际运营商的进入和国内民营企业的发展,现行的邮政管理体制已经不合时宜,急需变革。

 第一阶段(启动阶段,2003—2007 年)

(一)改革背景

邮政业是国家重要的社会公用事业,邮政网络是国家重要的通信基础设施。长期以来,邮政业在促进我国国民经济和社会发展、保障公民的基本通信权利等方面发挥了重要作用。但是,随着经济体制改革的不断深化,我国邮政业传统的政企合一的管理体制已不能适应市场经济需要。特别是我国加入世界贸易组织以来,邮政市场竞争日益加剧,邮政业发展和政府监管面临新的形势,进一步深化邮政体制改革已经成为当时的一项重要而紧迫的任务。

(二)改革基本思路

实行政企分开,加强政府监管,完善市场机制,从机制和制度上保障普遍服务和特殊服务,确保通信安全;改革邮政主业和邮政储蓄管理体制,促进邮政业向信息流、资金流和物流"三流合一"的现代邮政业方向发展,提高企业竞争力。通过改革,建立企业独立自主经营、政府依法监管的邮政体制,进一步促进我国邮政事业的发展。

(三)相关政策

2003 年 10 月 14 日,中国共产党第十六届中央委员会第三次全体会议通过《中共中央关于完善社会主义市场经济体制若干问题的决定》,提出"加快推进铁道、邮政和城市公用事业等改革,实行政企分开、政资分开、政事分开",邮政体制改革被提上议事日程。

2005 年 7 月 20 日,时任国务院总理温家宝主持召开国务院常务会议,讨论并原则通过了《邮政体制改革方案》,决定组建国家邮政局,作为国家邮政监管机构;组建中国邮政集团公司,经营各类邮政业务;成立邮政储蓄银行,实现金融业务规范化经营。

2007 年 1 月 29 日,重组后的国家邮政局和中国邮政集团公司在人民大会堂揭牌,邮政体制改革取得重要阶段性成果。

(四)改革主要内容

1. 实行政企分开

重组邮政监管机构。在剥离国家邮政局的企业职能、资产和人员的基础上重组国家邮政局,为国家邮政监管机构。设立省(自治区、直辖市)邮政管理局为省(自治区、直辖市)邮政监管机构,受国家邮政局垂直领导。国家和省级邮政监管机构具体机构设置、人员编制等按程序另行报批,相关行政经费由财政部按照预算管理有关规定核定,列入国家邮政局部门预算。

组建中国邮政集团公司。将国家邮政局的企业职能、经营性资产和人员分离出来,组建中国邮政集团公司,作为国务院授权投资机构,财务关系在财政部单列,并暂由国家邮政局、财政部分别作为其行政主管和国有资产管理部门,条件成熟后另行研究调整管理关系。

2. 改革邮政主业

调整业务结构。在传统邮政业务基础上,积极拓展业务领域。重点发展电子商务、现代物流等新业务,逐步向现代邮政业转变。优化邮政网络。在保障普遍服务的基础上,进一步优化邮政网络布局。实行企业内部重组,优化企业资产和人员配置。

3. 改革邮政储蓄

按照金融体制改革的方向,加快成立邮政储蓄银行。在保留利用邮政网络吸储功能的基础上,邮政业务与邮政储蓄业务财务分账核算,邮政储蓄实行市场化经营管理,自负盈亏,并积极完善条件,加快成立中国邮政集团公司控股的中国邮政储蓄银行,所有邮政金融业务划归邮政储蓄银行管理。

改变目前邮储资金全额转存中央银行模式。在中国人民银行和银监会的监管下,逐步推动邮储资金自主运用,实现平稳过渡。

逐步扩大邮储资金的自主运用范围。可以利用邮储蓄资金购买信用等级较高的企业债券和商业银行发行的次级债券,参与银行间市场债券买卖;办理中资银行、农村信用社大额协议存款;与政策性银行合作,开展部分中间业务。

4. 完善邮政改革配套机制

建立普遍服务机制。中国邮政集团公司承担普遍服务义务。通过立法确定普遍服务范围和标准,邮政企业要建立健全成本削减激励机制,在保证普遍服务能力和服务标准的前提下,努力降低普遍服务成本。在此基础上,邮政普遍服务亏损由国家财政补贴。

完善特殊服务机制。理顺机要通信、党报党刊发行、义务兵通信等特殊业务关系,调整和完善特殊业务成本负担机制。政企分开后,机要通信、党报党刊发行、义务兵通信、盲人读物寄递等特殊服务亏损,由国家财政在研究邮政企业承担普遍服务和特殊服务亏损问题时统筹解决。

强化安全保障机制。保持邮政机要通信独立作业系统和生产组织方式,建立和强化信件监管体系,加强通信安全的专业化管理和监控制度,切实保障邮政通信安全。

改革价格形成机制。邮政普遍服务业务资费、邮政企业专营业务资费及机要通信、党报党刊发行资费实行政府定价,由发展改革委商有关部门根据《中华人民共和国价格法》,按《中央定价目录》的规定进行管理。其他邮政业务资费实行市场调节价,由中国邮政集团公司按市场机制自主确定资费标准。

三 第二阶段(深入阶段,2007 年至今)

(一)改革背景

邮政体制改革既符合国际邮政业发展趋势,又符合我国行业发展的实践。2007 年重组国家邮政局和中国邮政集团公司后,我国邮政业从体制、机制、政策法规等方方面面都亟须将改革进一步深入和落地,因此,此后的 10 年,我国邮政行业经历了发展速度最快、改革开放力度最大的时期,也是邮政业基础性和先导性作用显著增强、行业地位显著提升、国际影响力显著扩大的时期。

(二)相关政策

2007 年 8 月 3—5 日,新组建的国家邮政局在革命圣地井冈山召开全国邮政管理局长座谈会。这次会议不仅是一次深刻的精神洗礼,更是一次方向上的校正,彻底解决了“为什么做”“为谁做”“怎么做”的关键问题。

2009 年 4 月 24 日,全国人大常委会办公厅召开新闻发布会,宣布修订后的《中华人民共和国邮政法》通过审议,正式颁布。

2009 年 9 月 1 日,《快递业务经营许可管理办法》正式发布。

2009 年 11 月 24 日,顺丰航空公司拿到民航局颁发的运营许可证,正式投入运营。

2010 年 1 月 5 日,国家邮政局为中外运航空发展有限公司等 4 家企业核发首批国际快递业务经营许可证。

2010 年 6 月 29 日,中国邮政速递物流股份有限公司挂牌,全国 31 个省(自治区、直辖市)各子公司同日宣告成立。

2012 年 1 月 20 日,《国务院办公厅关于完善省级以下邮政监管体制的通知》(国办发〔2012〕6 号),提出了改革的总体目标和要求。

2012 年 9 月 29 日,全国首个市(地)邮政管理局在深圳揭牌,拉开了完善省以下邮政监管体制的序幕,根据国办 6 号文件精神,357 个市(地)邮政管理局(派出机构)相继成立,三级邮政监管体制正式建立。

2012 年 10 月 26 日,十一届全国人大常委会第二十九次会议对邮政法进行了修改,明确省级以下邮政管理机构履行监管职责的法律依据。

2013 年 1 月 11 日,在全国邮政工作会议上,国家邮政局提出到 2020 年"建成与小康社会相适应的现代邮政业"的全行业奋斗目标。

2014 年 6 月 26 日,义乌邮政管理局成立,标志着我国邮政业完善县级邮政监管体制的工作进入了一个新的阶段。

2015 年 4 月 24 日,十二届全国人大常委会第十四次会议对邮政法中有关邮政资费的条款进行了修改。

2015 年 9 月 26 日,杭州圆通货运航空有限公司正式开航,成为继中国邮航、顺丰航空之后的第三家快递企业自建航空公司。中国快递航空版图呈现三足鼎立的新格局,快递业成为中国货运航空版图的新主角。

2015 年 10 月 23 日,《国务院关于促进快递业发展的若干意见》(国发 61 号)正式印发。意见首次对快递业在国民经济中的地位和作用进行了定位,指出:快递业是现代服务业的重要组成部分,是推动流通方式转型、促进消费升级的现代化先导性产业。

2016 年 5 月 25 日,为落实国务院《2016 年推进简政放权放管结合优化服务改革工作要点》的精神,国家邮政局在山东召开邮政市场放管服改革座谈会,研究探讨邮政市场放管服存在的问题和改进的措施。

(三)改革主要内容

1. 将发展放到国家战略布局中重新定位

在邮政体制改革的引领下,邮政行业始终坚持"发展第一要务",将发展放到国家战略布局中重新定位,确定了"建成与小康社会相适应的现代邮政业"的奋斗目标,制定了实现目标的路线图和时间表,提出了快递"三向"与"1 +1"向"1 +3"拓展工程、"五个邮政"建设、依法治邮、从邮政大国向邮政强国迈进等重大战略决策,行业政策环境不断优化、发展活力不断迸发,持续保持了快速增长的态势。

2. 完善省级以下邮政监管体制

完善省级以下邮政监管体制,是国家邮政局重组后十年中的一件大事,也是邮政体制改革的重要组成部分。中央领导高度重视,对加快改革提出明确要求,国务院有关部门和地方政府积极支持,深入调研,反复论证,印发了《国务院办公厅关于完善省级以下邮政监管体制的通知》(国办发〔2012〕6 号),提出了改革的总体目标和要求。按照国务院办公厅的通知要求,邮政系统从上到下建立了工作机构和协调机制,以"分步实施、试点先行、突出重点、循序渐进"的工作原则以及"先组建、后完善"的工作路径,于 2012 年年底前顺利完成了组建工作,结束了邮政管理"高位截瘫"的尴尬局面。市地邮政管理局的组建,健全了政府依法监管,权责关系明确,上下运转顺畅的国家邮政管理体制,为促进邮政业发展提供了体制保障。

3. 推动快递业高速发展

作为邮政体制改革最突出的成果,2009 年出台的新邮政法为新的体制和机制奠定了坚实的基础。其中特别赋予非公企业快递业务经营许可权,一方面有利于市场主体自身按照市场化的原则规范发展;另一方面也有利于消除外部疑虑,使多元市场主体获得投资者和客户等利益相关方的认可。2014 年我国快递进入"百亿时代",国务院对快递业高度重视,抱有殷切期望,给予了巨大支持。2015 年 10 月,作为第一部全面指导快递业发展的纲领性文件,《国务院关于促进快递业发展的若干意见》出台,这是快递业发展进程中的重要里程碑。该文件聚焦快递业发展长期以来形成的瓶颈问题,从政策层面明确了快递业在国民经济中的定位,提出了转型升级提质增效的战略方向和一揽子的解决方案,注重综合施策。政策"组合拳"涉及简政放权、优化市场环境、健全法规规划体系、加大财税土地政策支持力度、改进快递车辆管理、建设专业人才队伍等三十多项政策,为快递业发展提供了强大的动力,对行业发展产生了广泛而深远的影响。

4. 推动法律法规逐步健全

邮政法先后经过一次全面修订和两次修正,邮政业法律法规体系"矩阵"业已形成,内容涵盖安全监管、普遍服务、快递管理等诸多方面。《邮政行业标准管理办法》等一系列部门规章相继颁布,法制体系日趋完善;《邮政普遍服务》的修订完善和《快递服务标准》等标准陆续编制出台,标准体系逐渐健全。与此同时,地方性法规和政府规章如雨后春笋纷纷出台,为当地行业发展铺路搭桥，营造了良好的发展环境。

2010 年 1 月，按照邮政法和《快递业务经营许可管理办法》的规定，国家邮政局向 13 家企业颁发了首批快递业务经营许可证。此后，快递业务经营许可工作得到不断完善和规范，促进了快递业务更加健康有序发展。2015 年 5 月，根据国家行政审批制度改革和进一步简政放权的要求，国家邮政局制定《快递业务经营许可工作优化方案》，从梳理权限、优化流程、缩短时限等方面入手，使各级邮政管理部门职责更加清晰，进一步压缩时限提高效率，实现了全流程、全环节上网。通过有度、有效的市场干预，不断挖掘发展潜力，更为精准、更加精细地清除阻碍快递行业发展的“堵点”和“痛点”。

第二节　国外邮政行业管理体制情况

一　美国——处境略显艰难

（一）邮政行业发展概况

美国邮政公布的 2016 财年（截至 2016 年 9 月 30 日）的公司运营状况显示，虽然包裹业务量实现了两位数增长，但是仍然处于亏损状态，净亏损额为 56 亿美元（约合人民币 387.67 亿元），较上一财年 51 亿美元（约合人民币 353.05 亿元）的净亏损额有所增加。美国邮政在一份对外发布的公告中表示，政府的预存养老金政策导致公司需要提前负担 58 亿美元（约合人民币 401.51 亿元）的支出，如果去除这部分支出，公司还首次实现了 2 亿美元（约合人民币 13.8 亿元）的盈利。

2016 财年，美国邮政的全球净收入为 704 亿美元（约合人民币 4873.37

亿元),较上一财年增长了16亿美元(约合人民币110.76亿元),增幅为2.3%。由于电商包裹量的增长,美国邮政需要更大的场地、更充足的劳动力以及更多的车辆来处理和投递邮件,为此,美国邮政的运营费用较2015年大幅增长,其中,员工薪酬福利支出增加了约12亿美元(约合人民币83亿元);交通运输费用增加了4.13亿美元(约合人民币28.57亿元)。同时,美国邮政在基础设施建设、引进先进科学技术、延伸"最后一公里"投递网络等方面,也投入了巨额资金。这些举措为美国邮政改善运输网络和提升服务质量,发挥了积极作用,进而促进了包裹业务的发展。

尽管各项业务进展顺利,但过去一年美国邮政所产生的净亏损仍然不容忽视,并且由于高额的退休养老金计划以及僵化的定价机制,美国邮政在未来一段时间内依旧处于艰难境地。

(二)邮政管理体制改革历程

美国邮政管理机构历史悠久,早在美国独立之前的1775年就已成立美国邮政部。1971年,经国会批准,美国邮政部改制成为一家自负盈亏的独立政府机构,称为美国邮政局,其运营经费主要来自邮资及邮政相关产品和服务的销售收入,必要时可以向美国财政部请求借款,但不能向私人机构借贷。由于邮政系统工作人员属于联邦政府雇员,其退休金和医疗福利等待遇,参照美国政府公务员标准执行。

在改制后的头30年里,美国邮政运转顺畅并曾盛极一时,每周六天的日均邮件投递量一度达到5.63亿件,占全球投递量的40%,成为世界上最大的邮政服务机构。全美设有3万多家邮局,仅凭40多美分的邮资就可将普通平信寄达美国境内任何一个角落。但进入21世纪后,随着互联网技术的广泛运用,越来越多的人和机构习惯发送电子邮件和电子贺卡相互联系,加之在线支付手段的蓬勃发展,传统邮政业务遭受重创。

美国国会研究所的数据显示,过去10年美国邮政的邮件投递量下降了约21.7%。早在2005年,美国邮政的广告邮件投递量就首次超过了最为盈利的普通信函的投递量,一般平均至少需要投递3份广告邮件,才能抵补投递一封信函的利润,美国传统邮政业务走向衰落。过去几年,随着美国经济复苏,美国邮政的广告邮件投递比重继续上升,而普通信函投递量则稳步下滑。自2001年以来,美国邮政的普通信函投递收入已下滑超过30%,美国邮政预计这一趋势会持续到2020年。

美国国会2006年通过新的法律规定，要求美国邮政每年向退休员工医疗福利基金账户预先支付50多亿美元资金，这令收入不断下滑的美国邮政更加不堪重负。美国邮政从2007财年开始预付退休员工医疗福利，当年便出现经营亏损，并从2011财年开始无力支付这笔资金，目前退休员工福利资金缺口总共达到224亿美元。

一方面是业务收入不断下滑，另一方面是福利支出不断增长，美国邮政陷入连年亏损的困局不能自拔。过去8年，美国邮政亏损共计511亿美元。从2012财年开始，美国邮政从美国财政部的借款也已达到法定的150亿美元上限，这意味着外部救助工具已经用完。如果不对其商业模式进行彻底改革，美国邮政最终只能走向破产。

美国邮政早已认识到问题症结所在，提出了关闭主要位于偏远农村地区的上千所邮局、缩减邮件分发处理网点、暂停周六投递业务、自行决定员工医疗福利支出计划等一系列改革方案，但需要得到国会批准才能执行。然而，美国国会迄今未就任何邮政改革方案达成一致。《华盛顿邮报》发表社论说，目前美国邮政改革面临的最大障碍是利益集团的阻挠，邮政工会、农业州和大型商业邮递公司为一己之利都希望维持现状，忽视了邮政改革给公众带来的长远收益。在这些利益集团的游说下，美国国会去年否决了美国邮政希望周六暂停投递业务的计划，近期又有50多位参议员呼吁将缩减邮件处理网点的计划推迟一年。

事实上，尽可能多地关闭经营不善的邮局，将业务转包给加油站、便利店等零售店面，是许多发达国家邮政改革的通常做法。据《彭博商业周刊》报道，目前瑞典邮政直接经营的邮局仅占全国的12%，其余均由第三方经营。而在电子商务蓬勃发展的背景下，美国邮政完全可以依靠自身网络布点广的优势与联邦快递、联合包裹运送服务公司展开竞争，抓住网购机遇拓展新的业务市场。

二 日本——保险银行两不误

(一)邮政行业发展概况

在国有时代，日本邮政的业务就遍布全国，特别是偏远的乡村，邮局肩负着保障当地和外界沟通的重要职责。加上民众对国有企业的信赖，日本邮政成为世界上最大的金融机构,储蓄资产名列前茅,保险业务也在网络不普及的时代令其他保险公司望尘莫及,是世界上最大的保险公司。日本邮政也有其他的金融服务,如住房、贷款、信用卡等。此外,邮局还有零售业务,如邮局里总是摆放着商品的宣传单,主要是食品和日用品。邮政的零售业务发挥其网点遍及全国的特色,出售很多地方特产。日本人有订购商品送礼或者是自用的习惯,人们通过商品宣传册在邮局订购,填写送货地址,邮政快递很快就会送货上门。

(二)邮政管理体制改革历程

1. 改革动因

日本邮政系统巨大的规模与影响力,很大程度上要归因于其所享受的各种私营部门竞争者无缘享受的特权。这些特权包括:

政府对其存款与保单提供保证。例如,与其他金融机构如银行等的储蓄业务不同,日本邮政储蓄享有政府信用担保,最高限额为1000万日元。

日本邮政可兼营寿险业务。简易保险是由日本政府经营的非营利性质的人寿保险业务,目的在于增进国民福利,保证经济生活稳定发展,与一般民间经营的人寿保险公司相比,其手续简便,限制较少。

日本邮政拥有各种邮递业务的垄断经营权,以及税收与社会保障支出减免等,其所受的监管也不像私营部门那么严格。

一方面,私营部门的竞争者,包括渴望更多打开日本市场的国际金融机构,对日本邮政特权啧有烦言。如美国企业在日本的窗口机构日本美国商会(ACCJ),就一直密切关注邮政民营化改革的进程。2004年1月,成立了一个民营化任务组,自2004年8月以来,就邮政民营化问题出版了4份报告。而摩根士丹利驻东京首席经济学家罗伯特·费尔蒙(Robert Feldman)更是在多个场合盛赞小泉纯一郎的邮政民营化改革计划。另一方面,日本政府也希望将邮政储蓄和保险的巨大资金转移到私营部门,从而可以更有效率地利用,促进日本的经济发展。

驱动小泉政府不惜孤注一掷推行邮政民营化改革的关键因素,是日本政府当前所面临诸多结构性挑战,诸如人口日益老龄化、人口数量降低,以及政府的财政危机。

2005年,日本厚生省报告称,日本总人口在2005年上半年出现下降,比原来预期的提前了2年(此前,日本国立社会保障与人口问题研究所曾估计,日本人口将在 2006 年达到 1.27 亿的高峰,到 2050 年降到 1.06 亿)。2000 年,日本生产性人口与依赖性人口之比为 4:1,而到了 2050 年,这一比例估计将下降至 1:1.5。2004 年,政府在养老金、医疗等方面的支出为 86 万亿日元(8250 亿美元),预计到 2025 年,这一支出将增长近 1 倍,达到 152 万亿日元(1.46 万亿美元)。

此外,政府为提振长期低迷的日本经济,大量投资于公共建设项目,进一步加剧了政府的财务危机,结果,日本的公共债务达到了国内生产总值的 164%。相形之下,即便是长期为财政赤字所苦的美国,公共债务也才占到国内生产总值的 63.7%。

20 世纪 90 年代中期开始,日本金融厅(Financial Services Agency)主导推出"金融大爆炸"(Big Bang)改革,致力于扭转日本金融监管传统的"护航体系",营造出透明、基于规则的监管环境,向国际最佳实践靠近,强调企业自负责任,以及事前与事后检查。

然而,邮政金融体系此时继续游离于金融厅的管制之外,削弱了日本政府建立统一、稳健的监管环境的能力,而统一、稳健的监管环境对日本金融行业的未来成长至关重要。邮政民营化改革势在必行。

2. 改革过程

从 2006 年 10 月 1 日开始,136 年来一直作为国有企业运营的日本邮政公社正式开始实行私有化,摇身变为一家拥有 24 万名员工的巨大私企——日本邮政集团,该集团总资产高达 338 万亿日元。同时,日本邮政公社这个邮政巨无霸也被拆分为 4 家公司,即邮政储蓄银行、邮政保险公司、负责柜台接待服务的邮电局和负责邮件投递的邮递公司。按照私有化计划,邮政储蓄银行和邮政保险公司将在东京证券交易所挂牌,成为上市企业。依据日本邮政私有化改革的相关法案,整个邮政私有化过程从 2007 年开始,预计于 2017 年完成。

2015 年 11 月 4 日,日本邮政株式会社及旗下的邮政银行、邮政简易生命保险同时在东京证券交易所主板上市,总募集资金额约 118 亿美元,成为 1998 年以来日本最大的上市交易、1999 年以来日本最大的私有化交易、有史以来全球最大的邮政服务机构上市交易和 2015 年全球最大的上市交易。

(三)邮政管理体制现状

日本邮政始于 1871 年,长期以来是典型的国营体制,在近年进行了两次改革。2001 年 1 月，由原来的邮政省、总务厅和自治省组建成总务省。2003 年 4 月 1 日，日本邮政正式撤销了总务省邮政事业厅，成立了日本邮政公社，它的成立是日本邮政业 132 年来的最大改革。日本邮政公社是一个自负盈亏的国有公共公司，目标是提供全面的、迅捷的函件和包裹寄递业务，简单、安全的储蓄业务和汇兑业务以及简易保险业务等，同时保留普遍服务。

日本邮政公社将邮递、储蓄、保险业务分成 3 个事业部门，职员维持国家公务员身份，实行独立核算。邮政公社组织为三级机构，本社设立 3 个事业本部，明确区分 3 个事业部门的经营责任，并设有经营企划、经营委员会、专门委员会、独立的监察等 9 个部门，解决主要问题。11 个地方邮政局和 1 个事务所更改为 12 个支社和 1 个事务所。设置冲绳事务所，从冲绳通信事务所独立出来，编入公社组织，驻神奈川县、山梨县事务所改为南关东支社，地方邮政监察局的名称更改为监察本部。基层邮局名称不变。在 2010 年《财富》世界 500 强排行中，日本邮政高居第六名。

（四）邮政管理体制特点

日本邮政通过改革，从典型的国营体制转变成为一个自负盈亏的国有公共公司，即作为国有企业运营的日本邮政公社，正式通过私有化转变成为一家拥有 24 万名员工的巨大私企的日本邮政集团。同时，通过上市，日本邮政成为世界上最大的金融机构和保险公司。

三 德国——专注改革重组

（一）邮政行业发展概况

2016 年，德国邮政前三季度利润总和为 23.8 亿欧元（约合人民币 174.9亿元），增长势头强劲，第三季度的业绩表现尤为突出，利润高达 7.55 亿欧元（约合人民币 55.5 亿元），实现同期历史之最。在整个国际市场经济持续低迷、欧元汇率贬值、燃油附加费减少等不利背景下，德国邮政通过一系列的重组改革，不断调整公司策略，以适应国际快递运输市场的发展趋势。

首先，德国邮政不断加强同其他国家邮政合作，积极开拓国际市场。德国邮政敦豪集团分别同阿根廷邮政及俄罗斯邮政达成合作协议，在国际包裹货运方面展开合作。这一新的机遇巩固了德国邮政的相关业务，扩展了服务种类，扩大了网络范围。

其次，德国邮政不断加强基础设施建设，采用新技术、新设备提升生产力。2016 年 5 月，敦豪集团配送中心引入一批莱尔克斯智能机器人，配合工作人员高效准确地分拣包裹，以应对日益增长的包裹业务量。

再其次，德国邮政之前收购了“街头滑板”电动汽车生产线。目前，结构和空间更加优化的新型电动汽车已经进入量产阶段，预计今年将有 2000 辆电动汽车投入使用。不仅如此，敦豪集团还计划向第三方企业提供车辆的预订及销售服务。

此外，德国邮政于 2016 年完成的一项重大并购业务，也更加巩固了自身在欧洲市场的主导地位。2016 年 12 月底，敦豪集团宣布已经完成了对英国邮件公司的收购工作，最终交易额为 2.427 亿英镑（约合人民币 20.37 亿元）。英国邮件公司是英国领先包裹物流运营商之一，在全国拥有网点 50 多个、运输车辆 2400 辆，2015 财年的总营业额为 4.81 亿英镑（约合人民币 40.34 亿元）。此番收购使得敦豪集团的跨境运输网络覆盖 18 个欧洲国家，进一步增强了其在欧洲市场的竞争力。

（二）邮政管理体制改革历程

从 1990 年开始到 2005 年，德国邮政公司化经历了三个阶段。

（1）重组和减亏阶段（1990—1997 年）。在开始政企分离时，完全国有的德国邮政每年亏损达到 4 亿欧元之巨，而且服务态度极差，作为没有效率的公用事业案例而招致社会的多方批评。在这样的状况下，德国邮政希望通过引入战略投资者或者上市融资几乎没有可能，几乎只能采用低价格的方式出售资产。德国邮政通过管理层的积极组织和业务重组，在各家咨询公司的帮助下，实施了各种降低成本和进行改革的转型项目，安排和分流了 10 万名员工。1997 年德国邮政第一次出现了 15 亿欧元的盈利，为进入第二阶段打下基础。

（2）购并转型和全球扩展阶段（1998—2000 年）。德国邮政许多重大的行动，是在这 3 年完成的。在 2000 年的整体上市中，德国联邦政府出售了 25% 的股权资产，获得了丰厚的回报；1998 年动用 7 亿美元收购了快递巨头敦豪公司（DHL）25% 股权，并逐步通过增持控制了 DHL 股权，以此为平台搭建全球物流业务。在这个阶段前后，总共并购了不同地区和不同业务的公司达30多家(包括Air Express、Danzas等著名品牌)。至此，德国邮政完成了全球布局和服务产品结构的调整，这个后起之秀开始直接挑战联合包裹服务公司(UPS)和联邦快递公司(FedEx)这两大巨头的全球地位。

(3)实现合并效果和整合后台阶段(2001—2005年)。并购使得德国邮政从30万名员工成长为拥有50万名员工和超过500亿美元营业额的全球最大物流公司。如何管理这个迅速变大的巨人、打造新的公司文化和理念？如何通过销售网络的整合和品牌组合，为客户提供全面服务？如何整合各家公司原有的后台应用系统并结合新技术，实现供应链流程的无缝连接？为了迎接这三大挑战，德国邮政股份集团公司首席执行官克劳斯·祖文克尔和他的管理团队启动了名叫"星"的整合工程，该计划花费8亿欧元的管理整合成本。

2005年，德国邮政股份集团公司的利润达到30亿欧元，标志着第三阶段整合任务的完成，业务增长重新被提上议事日程。2005年底，德国邮政耗资5亿多欧元并购了英国物流巨头英运物流有限公司，2006年9月，获得了英国国家卫生服务管理署(NHS)下属医院未来10年中320亿欧元的采购和配送业务(包括5万多种品类)。这是一个标志性的变化，意味着德国邮政开始了转型战略的第四阶段：从竞争激烈的物流业务向利润更高的全球采购和外包服务领域转型，并且率先占据了重要的制高点，改变了行业规则。

可以说，在前三个阶段，技术创新特别是信息技术的应用，都为德国邮政的管理和业务转型提供了重要的贡献。比如在重组和扭亏的第一阶段，德国邮政应用新的大规模自动分拣技术，建设了83个集中的邮件"分拣中心"，替代了原来分散在全国的1000个左右的分拣站。网络优化的结果是关闭了1.6万个分理处(占总数的50%)之后，仍然要处理每天的7000万个邮件(包裹)，管理8万辆运输车，1.3万个分点，服务线路和任务的优化、车辆调度以及设施管理等，都要求高性能的生产运营管理系统。德国邮政内部有一家软件公司，负责内部的解决方案开发，开发了大量适用的业务应用软件，在行业内颇有名气。当然这个时期也产生了系统开发的统一规划不够、信息的整合性较差等问题。

在向全球物流供应商转变的第二阶段，可靠的供应链优化管理软件和网络伙伴管理平台是竞争的重要因素，这也是促使德国邮政全面购并DHL

的原因，因为后者早已投资这个领域，并且拥有一支成熟的 IT 队伍。1998—2000 年，电子商务平台迅速发展，德国邮政建设了服务于 300 万企业客户的 B2B 平台，建设和维护了可以沟通约 4000 万家庭的网上门户，开发了提供给合作伙伴使用的门户平台。为了迅速打造“数字邮政”，一方面在内部将各种业务流程数字化，另一方面成立了电子商务投资板块，用风险投资方式资助各种新技术和应用的开发，并购和控制可提高物流和供应链效率的信息技术公司。这个阶段也有很多教训值得中国邮政借鉴，比如投资过于分散，电子商务和企业内部应用系统的整合不够，有一些项目的投资没有回报等等。

实施“星”整合工程的 5 年中，前后台的整合项目规模更加庞大。而且在这个阶段，信息化建设和整合的策略比较明确，后台的核心系统全部采用思爱普软件系统公司（SAP）提供的管理软件，建立统一的数据中心，同时利用服务导向架构（SOA）和企业应用整合（EAI）技术，实现服务和信息的整合，为客户和伙伴提供灵活的解决方案。

（三）邮政管理体制现状

1. 机构设置

在过去的 20 多年里，德国邮政经历了历史性的改革，从一个国有制单位变成德国邮政国际集团。

1989 年，德国邮政被分拆成 3 个不同的实体，即邮政、电信和邮政银行。1990 年，东西德国合并，两个邮政也合并成为德国联邦邮政。1995 年，德国邮政变为股份有限公司——德国邮政公司。2000 年 11 月，德国邮政集团的股票成功上市，使其成为欧洲物流公司中的龙头老大，同时也成为世界上最大的上市物流企业，法兰克福 DAX 指数成分股之一。

2. 重要机构的内设机构和职责

德国邮政集团被划分为 4 个自主运营的部门，即邮政、物流、速递和金融服务。

德国邮政集团的邮政部门由邮政、市场直销和出版物发放业务组成，建有最高水准的作业网络，由遍及德国的 83 家标准化分检中心组成，并越来越重视高增长的市场直销业务。

物流部是德国邮政通过收购 Danzas 下属公司成立的，根据整个价值链的提升，为用户提供综合服务，在全世界提供包括航空货运和海运、欧洲陆路货运和针对客户个性的物流解决方案。

德国邮政集团通过 DHL 向全世界提供快递业务，欧洲快件是公司的拳头产品。2005 年收入约占总收入的 40%。

德国邮政银行属商业银行，作为德国邮政集团下属的一个子公司。德国邮政银行同 DSL 银行合并后，已成为德国最大的零售商业银行，位列欧洲第五，为德国邮政的网上购物、物流等业务提供资金结算。

(四)邮政管理体制特点

通过改革重组，德国邮政从 20 世纪 80 年代末年亏损达 4 亿欧元，发展成为欧洲物流公司中的龙头老大和世界上最大的上市物流企业。

四 经验借鉴及启示

(一)靠竞争而不是靠保护来发展邮政

在邮政改革过程中，各国政府均放松了邮政业的市场进入规制，缩小甚至取消了邮政专营权，使邮政市场日趋开放。从实际效果来看，恰恰是那些积极打破邮政垄断、在邮政业内引入市场机制的国家，如荷兰、德国、澳大利亚、瑞典、新西兰等国的邮政运行效率最高，效益最好。而市场改革滞后的国家，如美国、日本等国的邮政都陷入了经营困境，需要继续进行改革。靠竞争而不是靠保护来发展邮政，已经成为国际潮流。

(二)实现政企分开是大势所趋

目前，世界上大多数国家的邮政都实现了邮政分开，邮政部门实现了企业化运作。这不仅减轻了各国政府的负担，也增强了邮政业的活力。借鉴世界各国邮政改革经验，实现邮政的政企分开，建立新的邮政业政府管理体制是大势所趋。

(三)积极推进产权制度改革

在邮政部门实现公司化后，一些国家通过不同的方式，对邮政企业进行产权制度改革，引入外部资金，推动了邮政业的发展。荷兰、德国邮政通过上市筹集了大量资金，改善了公司治理结构，已经发展成为国际物流和快递市场的有力竞争者。

(四)加快推进经营全球化

随着全球经济一体化,邮政领域的竞争将日趋激烈,全球化经营将成为有足够实力的邮政所选择的战略目标,而合作联盟、收购兼并是实现邮政全球化经营的主要途径。

(五)实现业务多元化拓展

随着邮政市场的逐步开放,邮政专营业务的范围将逐步缩小,实行多元化的业务结构是邮政的必然之路。邮递类业务仍是邮政的主体业务,必须大力发展商函业务,突出发展速递和物流业务,重点发展金融中间业务,积极开发信息服务等新型业务。

(六)实现管理集约化

随着传统邮政的改造升级,邮政管理工作日益重要。尤其要加强资本、财务和人力资源的管理,注重资本运营和降低成本,注重人力资源的开发使用,注重先进技术的采用。

(七)打造服务核心化

随着市场竞争的日趋激烈,服务将成为邮政生存和发展的核心因素。提供用户满意的多样化、多层次、个性化的服务,是邮政赢得顾客的最终手段。在服务中,必须十分注重做好大客户服务。

第七章

管道管理体制改革

第一节　我国管道管理体制改革历程

 我国管道发展历程

新中国成立以来,我国管道发展从无到有,经历了四个发展阶段:

(一)自力更生,艰苦创业阶段(20 世纪 50 年代—20 世纪 80 年代初期)

新中国成立初期,西方对我国实行技术封锁,但油田的发现和产量的大幅增加,带动了管道工业的发展,拉开了管道建设的序幕。

1956 年,新疆克拉玛依到独山子建成第一条长距离原油运输管道。克拉玛依—独山子输油管道是新疆第一条长距离输油管道,也是我国第一条长距离输油管道。1956 年 8 月 1 日,克拉玛依油田投入试采,所产原油用汽车运到独山子炼油厂炼制。随着油田的大规模勘探、开发和建设,成批的油井投入了生产,原油产量与日俱增,运油任务日益繁重。同时,独山子炼油厂经过扩建后,原油处理量增大,正常的汽车运油远远满足不了需要。为了解决这一矛盾,1958 年 1 月,石油工业部决定修建克拉玛依至独山子炼油厂的输油管道。该管道于 1958 年 5 月 1 日破土动工,10 月 26 日首段 50 公里开始输油,12 月底管道全部竣工,沿途有 6 个泵站,年输油能力 53 万吨,管道直径 159—168 毫米,全长 147 公里。1959 年 1 月 10 日,克独输油管道正式投产。

1963 年,修建第一条天然气管道——巴渝输气管道,全长 55.6 公里。

1970 年 8 月 3 日,第一条长距离、大口径原油管道工程——“八三工程”建设在东北荒原拉开序幕。20 世纪 60 年代,我国相继开发了最大的大庆油田,以及渤海湾沿岸的胜利、大港、辽河油田,原油产量迅速增长。1964

年,实现了中国人民多年的愿望,原油生产达到了基本自给。这一时期,由于油田位置较好,油区离铁路线较近,因此,在建设初期大多以铁路运输完成运油任务。到了20世纪60年代末期,我国原油产量继续大幅度增长,仍以铁路作为运油的主要方式已远不能满足需要,而且铁路运油成本比管输、水运都高。当时,大庆油田的产量已达到年产2000万吨的水平,依靠铁路外运来适应原油的增产已是不可能,而且原油的大量运输,给东北地区的粮食、煤炭、木材等物资运输造成了困难。因此,经国家批准在东北地区兴建长距离输油管道。1970年8月3日,在沈阳成立了管道建设领导小组,抢建大庆至抚顺的庆抚线,这条管道从黑龙江肇源县茂兴穿越嫩江后,向南经吉林省的松原、农安、长春、公主岭、梨树、四平,进入辽宁省的昌图,经铁岭通到炼油厂较为集中的工业城市抚顺。末站设在抚顺康乐屯,以支线向抚顺石油一厂、二厂、三厂供油。庆抚线全长596.8公里,1970年9月开工,1971年8月试运行,10月31日正式输油,工程总投资2.93亿元,年输油能力2000万吨。这是新中国第一条长距离、大口径、输送"三高"原油的管道。

1976年,第一条长距离成品油管道格尔木—拉萨线建成,全长1080公里。

至此,初步形成了连接东北、华北和华东地区的东部输油管网和川渝输气管网。

(二)引进消化,提升水平阶段(20世纪80年代中期—20世纪90年代末)

改革开放后,通过引进吸收国外先进技术和管理,管道建设快速增长。

1986年投产的东黄复线原油管道,是我国第一条中外联合设计的管道工程,也是我国首次实现密闭输送和自动化管理的长输管道。

1987年,四川建成北半环管道,并与此前的南半环管道相接,形成了我国第一个区域性天然气管网。

1996年,库鄯原油管道投产,是当时国内自动化程度最高的原油管道,也是首次选用高强度X65钢管,采用高压力、大站间距、常温输送的长输管道。

1997年,陕京输气管道投产,成为我国天然气管道追赶世界先进水平的起点。

(三)自主创新,跨越发展阶段(21世纪初至今)

21世纪以来,油气储运工业在管道设计、建设、运行、管理等领域,取得了多项具有自主知识产权的核心成果,同时大力推进能源战略通道建设,极大提升了我国油气管道工业的国际影响力。

1. 原油管道

2005年,中哈原油管道建成投产,是我国参与投资的首条跨国输油管道。

2007年,西部原油管道建成投产,这是当时国内距离最长、压力最高、输量最大、自动化程度最高的原油管道。

2009年12月,中国石油天然气集团公司与缅甸能源部签署了中缅原油管道权利与义务协议,明确了中石油作为控股方的东南亚原油管道有限公司在中缅原油管道建设运营上所承担的权利和义务。

2010年9月27日,中俄原油管道工程竣工,时任中国国家主席胡锦涛和时任俄罗斯总统梅德韦杰夫共同出席竣工仪式。2011年1月1日,中俄原油管道正式投入运行。

2013年,中缅油气管道建成投入运行。

2. 成品油管道

克拉玛依—乌鲁木齐、镇海—杭州、兰州—郑州—长沙、洛阳—郑州—驻马店、茂名—昆明等骨干成品油管道先后建成。

3. 天然气管道

2004年投产的西气东输干线管道是国内自行设计、建设的第一条世界级天然气输运系统工程,标志着我国油气管道建设水平跨入世界先进行列。

2012年,西气东输二线干线建成投产,该工程全部采用X80钢,在世界范围内尚属首次。

2013年7月31日,中缅天然气管道正式投产。

2014年8月25日,在甘肃省瓜州县腰占子村,西气东输三线瓜州站完成了最后一道焊口,标志着西三线西段全线贯通。

当地时间2014年9月13日下午,中国—中亚天然气管道D线塔吉克斯坦段开工仪式,在塔国首都杜尚别隆重举行。中国国家主席习近平和塔吉克斯坦总统拉赫蒙共同出席开工仪式,致辞并为工程揭幕。

2014年5月,中国石油天然气集团公司和俄罗斯天然气工业股份公司签署《中俄东线供气购销合同》,合同约定总供气量超过1万亿立方米、年供气量380亿立方米,期限30年。经过前期充分准备和两次试验段摸索建设,中俄东线境内段于2017年12月13日全面加速建设,经过近2年的持续奋战,中俄东线北段2019年10月16日贯通。2019年12月2日,随着中俄两国元首下达指令,中俄东线天然气管道正式投产通气。计划一年内引进50亿立方米天然气,黑吉辽、京津冀等地将直接受益。以后将逐年增加输量,最终达到380亿立方米/年。

二 我国管道管理体制改革历程

油气管网改革之前,我国管道管理实行与石油天然气上下游行业一体化的管理体制,管道管理体制是石油工业管理体制的一部分。我国的石油工业管理体制改革,大致可以分为三个阶段:

(一)政企合一阶段(新中国成立至80年代初)

根据1949年9月27日中国人民政治协商会议第一届全体会议通过的《中华人民共和国中央人民政府组织法》第十八条的规定,中央人民政府设置燃料工业部。

1954年9月,第一届全国人民代表大会第一次会议在北京召开,会议通过了《中华人民共和国宪法》和《中华人民共和国国务院组织法》,成立中华人民共和国国务院。根据《国务院组织法》的规定,原中央人民政府燃料工业部的工作移交给中华人民共和国燃料工业部负责,统一领导全国燃料工业的生产和基本建设。主要内设机构有办公厅、行政司、研究室、人事司、教育司、劳动工资司、经理司、财务司、生产技术司、对外联络司、计划司、基本建设司、设计司、技术监察局、监察室、煤炭工业管理总局、电业管理总局、石油管理总局、地质局。这一时期,我国管道发展处于空白阶段。燃料工业部相当于我国第一个实质意义上的"能源部",最初设立的目的,是为了尽快提升我国工业水平。在我国的第一个五年计划过后,能源工业规模发展迅速,燃料工业部势单力薄,已不能很好地适应各方面的发展要求。

1955年7月30日,第一届全国人民代表大会第二次会议根据国务院总理周恩来的提议,决定撤销燃料工业部,并以原燃料工业部所属的煤炭管理总局、电业管理总局和石油管理总局为基础，分别设立煤炭工业部、电力工业部和石油工业部。石油部负责石油工业的生产建设工作，地质部承担石油资源的普查工作。我国大庆、胜利、辽河、大港等几大油田，都是在当时石油部的统一部署下，经过数次石油会战而逐步建成投产的。管道运输的管理职责由石油工业部负责。这一时期，我国管道发展刚刚起步。

1970年6月22日，煤炭工业部、石油工业部、化学工业部合并，组成燃料化学工业部（以下简称"燃化部"）。燃化部下设15个组（相当于司局），组下又设小组（相当于处）。

1973年，经国务院批准组建成立中国石油天然气管道局。

1975年2月1日，四届全国人大一次会议决定，将燃化部分为煤炭工业部和石油化学工业部（以下简称"石化部"）。

1978年3月5日，中华人民共和国第五届全国人民代表大会第一次会议决定撤销石油化学工业部，分别设立化学工业部和石油工业部。

1979年7月18日石油工业部印发《石油工业部机关司局职责范围》（试行草案）。

1981年2月13日，国家编制委员会批复，同意石油工业部设立干部局，人事教育司分设为教育司、劳动工资司，行政司并入办公厅。11月27日，石油工业部决定成立石油工业部体制改革办公室。

（二）企业化阶段（20世纪80年代初—1998年）

1982年2月15日，中国海洋石油总公司在北京挂牌成立。中国海洋石油是中国改革开放后第一个全方位对外开放的工业行业。1982年1月30日，国务院颁布《中华人民共和国对外合作开采海洋石油资源条例》（以下简称《条例》），决定成立中国海洋石油总公司。

为解决石油综合利用率很低，石油化工发展缓慢，经济效益不高的问题，从组织上、体制上提高石油利用程度，加速发展石油化工工业，提升经济效益，中共中央和国务院在调查研究后，决定成立中国石油化工总公司。1983年7月12日，中国石油化工总公司成立大会在北京人民大会堂举行。

1988年4月9日，七届全国人大一次会议通过了国务院机构改革方案，启动了新一轮的机构改革。为了统筹管理和开发能源，对能源工业实行全行业管理，调整能源结构，加快能源建设，撤销煤炭工业部、石油工业部、核工业部，组建能源部。原水利电力部中的电力部分划归该部。石油部撤销后,拟组成中国石油天然气总公司,保留中国海洋石油总公司;煤炭部撤销后,除东北内蒙煤矿公司外,拟将其他统配矿组成中国统配煤矿总公司;核工业部撤销后,组建中国核工业总公司。这些新组建的公司,由能源部归口管理。新组建的能源部是国务院统管全国能源工业的职能部门。其主要职能是,拟订能源工业的方针政策和战略布局,搞好综合平衡和宏观决策;促进能源的合理利用和开发;拟订有关的法规、条例和经济调节政策,监督、协调生产建设,提高经济效益;拟订技术政策;协同国家计委推动社会节能和能源的综合利用。但是由于关系不顺,调节手段不足,也很难把煤、电、油、核工业组织起来。

1988 年 8 月 29 日,国务院办公厅转发《能源部关于组建中国石油天然气总公司报告的通知》。明确原石油工业部的政府职能(包括制定发展战略、长远规划、重大方针政策和法规,确定石油对外合作区域,以及组织协调、检查监督等),移交能源部行使。原石油工业部在国家陆地全境(包括岛屿、海滩、水深 0-5 米极浅海在内,以下简称"陆上")石油、天然气的生产建设和经营管理职能,由总公司行使,并承担能源部和其他政府部门授权或委托的部分政府管理职能。中国石油天然气总公司的主要职责:

(1)协同能源部研究并提出陆上石油、天然气工业的发展战略、方针政策、中长期发展规划和年度计划,经国家批准后组织实施。负责全国油气储量、产量的统计工作。

(2)经营和管理陆上石油、天然气勘探、开发和生产建设工作,以及以重油、高含腊等特种油为主的综合利用和多种经营工作。依据国务院规定的包干部门审批权限,由能源部授权继续审定和实施相应的工程项目。

(3)经营和管理全国石油、天然后运销工作,安排油气产、运、销之间的衔接和平衡。在国家计划指导下,经营销售国家规定的统配商品量以外的油气及油气产品、副产品和多种经营产品,并按有关规定实行定价管理。

(4)管理陆上石油、天然气企事业单位,对国家承担生产和经济责任。各企事业单位按国家规定交纳税赋。企业上交国家财政的年度纳税额,由总公司与财政部统一清算。

(5)统一经营和归口管理在国家批准的陆上特定区域内,与外国公司合作勘探、开发油气田,与外商进行谈判签约,经国家批准后组织实施。同时按照平等互利的原则,参与国外油气合作勘探、开发活动。

(6)经营和管理与国外的经济技术交流。

(7)根据国家石油、天然气工业科学技术发展规划和计划,组织实施长远性课题研究、重大科技攻关和新技术应用推广工作。

(8)制订和实施石油教育发展规划,管理所属石油院校工作,指导所属企事业单位的教育和职工培训工作。

(9)协助能源部具体办理全国油气勘查许可证、滚动勘探开发许可证和采矿许可证的颁发工作,以及国家批准的对外合同区内合作勘探、开发许可证的颁发工作,并进行有关的监督和监督和管理。

(10)依据国家规定,管理所属单位的财务、审计、监察、劳动工资、产品和工程质量、节能、环境保护、安全生产和经济保卫工作。

总公司根据工作需要,设立计划部、财务部、勘探部、开发生产部、基建工程部、经营销售部、装备部、科技发展部、人事教育部、企业管理部、劳动工资部、审计部、监察室、外事局、油气资源管理局、办公厅、行政事务部等职能部门。

1988 年 9 月 17 日,中国石油天然气总公司成立大会在北京召开。

1993 年 3 月 15—31 日,第八届全国人大一次会议通过国务院机构改革方案,决定撤销能源部,中国石油天然气总公司改由国务院直接管理,国家计划委员会负责联系。

1997 年 3 月 3 日,中国石油天然气总公司印发《关于机关机构设置、人员编制的通知》,对部分机关机构和人员编制进行了调整。

(三)专业化发展阶段(1998—2019 年)

1998 年 3 月 5 日,第九届全国人民代表大会第一次会议,审议通过的《国务院机构改革方案》,决定将化学工业部、中国石油天然气总公司、中国石油化工总公司的政府职能合并,组建国家石油和化学工业局,由国家经贸委管理。化学工业部和 2 个总公司下属相关单位,按照上下游结合的原则,分别组建两个特大型石油石化企业集团和若干大型化肥、化工产品公司。7 月 27 日,中国石油天然气集团公司、中国石油化工集团公司成立大会在人民大会堂举行。这奠定了石油、天然气、化工行业的基本格局,并延续至今。

新成立的中国石油天然气集团公司,是国家在原中国石油天然气总公司基础上组建的石油石化企业,其成员企事业单位包括:原中国石油天然气总公司直属的 12 个油气田企业,从原中国石油化工总公司划入的 14 个炼油化工企业和 5 个销售公司,从地方划转的 12 个省(自治区、直辖市)及 1

个计划单列市的石油公司及其下属各级石油公司和加油站，吉林石油集团有限责任公司、吉化集团公司，以及原中国石油天然气总公司直属的其他企事业单位。中国石油天然气集团公司侧重经营石油、天然气的勘探、开发业务，同时经营石油化工业务。

新成立的中国石油化工集团公司，是国家在原中国石油化工总公司基础上组建的石油石化企业，其成员企事业单位包括：原中国石油化工总公司直属和控股的22个炼油化工企业，从原中国石油天然气总公司划入的12个油气田企业，原中国东联石化集团有限责任公司的5个生产企业及1个石油公司，从地方划转的18个省(自治区、直辖市)及4个计划单列市的石油公司及其下属各级石油公司和加油站，以及原中国石油化工总公司直属的其他企事业单位。中国石化集团公司成立后，中国东联石化集团及中国东联石化集团有限责任公司将依法注销。中国石化集团公司侧重经营石油化工业务，同时经营石油、天然气的勘探开发业务。

1998年10月9日，中国石油天然气集团公司宣布机关机构设置方案。该方案按照精简、统一、效能的原则，设置了决策支持、综合管理、专业管理、监督约束和政治思想工作五个系统。决策支持系统包括：2个委员会：科技发展委员会和预算委员会；1个职能部门：发展研究部；两院一中心：中国石油科学技术研究院、石油规划设计研究总院、石油经济和信息研究中心。综合管理系统包括6个职能部门：办公厅、规划计划部、财务资产部、人事劳资部、科技发展部、国际合作部(外事局)；专业管理系统包括3个专业职能部门：油气勘探部、油气开发部、炼油化工部。监督约束系统包括3个职能部门：审计部；监察部、纪检组；质量安全与环保部。政治思想工作系统包括1个职能部门：企业文化部。

1999年11月5日，在中国石油天然气集团公司重组过程中按照根据《公司法》和《国务院关于股份有限公司境外募集股份及上市的特别规定》，成立了中国石油天然气股份有限公司。广泛从事与石油、天然气有关的各项业务，主要包括：原油和天然气的勘探、开发、生产和销售；原油和石油产品的炼制、运输、储存和销售；基本石油化工产品、衍生化工产品及其他化工产品的生产和销售；天然气、原油和成品油的输送及天然气的销售。同时根据公司主营业务，成立4个业务分公司：勘探与生产分公司、炼油与化工分公司、销售分公司、天然气与管道分公司。管道运输第一次单独成立运营主体。天然气与管道分公司设有总经理办公室(党委办公室)、计划处、财务处、油气调运处、天然气销售处、建设项目管理处、质量安全环保处、科技信息处、液化天然气管理处、管道与储气库管理处10个处室，管道方面的主要管理职责为：

(1)按照股份公司总体要求，组织编制股份公司管道运输中长期发展战略规划，报股份公司汇总平衡。

(2)根据股份公司中长期发展战略规划，编制管道运输年度投资与生产经营计划，经股份公司汇总平衡、批准后负责下达地区公司执行。

(3)参与原油、天然气价格调整，并负责与天然气、管道有关的关联交易的管理工作。

(4)负责地区公司天然气上下游一体化的管理与协调；参与原油的产运销平衡工作和定价、收费政策的制定；参与原油进出口平衡协调与运输管理。

(5)根据股份公司批准的中长期发展规划，负责提出天然气、原油销售网络及储运设施建设总体规划。负责组织新建管道的立项、预可研、可研报告的编制，并承担业主责任，对项目实行全面管理。

(6)为股份公司油气田的产运销和炼化企业的油气进厂提供运输方面的服务与协调。

(7)负责地区公司的质量、标准、计量、安全、消防、环保、节能等方面的管理工作，重点做好股份公司油气管道和重点储运设施的安全运行的管理工作；参与股份公司关于油气储运管理规范、标准的制定工作。

(8)根据股份公司的授权，代表股份公司做好与铁道部、交通部、国家经贸委等部门的联系和协调工作。

(9)根据授权负责业务领域内的对外合作工作，参与股份公司原油出口业务的谈判；负责为国内合作区块原油、天然气的销售提供运输方面的协调工作。

2000年2月28日，中国石油化工股份有限公司(以下简称“中国石化”)重组成立，中国石油化工集团公司为其控股母公司。2000年3月31日，中国新星石油有限公司整体并入中国石化集团公司。中国石化是一家拥有上游、下游和中游业务的一体化公司，2000年10月18日和19日分别在纽约、香港和伦敦成功挂牌上市，2001年又在中国A股上市，成为国内唯一的在四地挂牌上市的公司。

2003年3月10日，十届全国人大一次会议通过国务院机构改革方案，设立国务院国有资产监督管理委员会(以下简称“国资委”),中国石油天然气集团公司业务改由国资委管理,其中董事长、总经理、党组书记由中央任命和管理,中国石油天然气集团公司副职由国务院国资委任命和管理,并报中央组织部备案。

2006年,经中国石油天然气股份有限公司批准,成立了北京油气调控中心,作为股份公司直属单位和天然气与管道分公司的派出机构,主要负责长输油气管道运行的统一调度指挥。2007年2月,成立了管道建设项目经理部,主要负责新建管道项目的统一组织和实施。

2008年3月15日,十一届全国人大一次会议通过关于国务院机构改革方案的决定。根据该方案,加强能源管理机构。设立高层次议事协调机构国家能源委员会。组建国家能源局,由国家发展和改革委员会管理。将国家发展和改革委员会的能源行业管理有关职责及机构,与国家能源领导小组办公室的职责、国防科学技术工业委员会的核电管理职责进行整合,划入该局。国家能源委员会办公室的工作由国家能源局承担。不再保留国家能源领导小组及其办事机构。

2010年6月25日,第十一届全国人民代表大会常务委员会第十五次会议于《中华人民共和国石油天然气管道保护法》规定,国务院能源主管部门依照本法规定主管全国管道保护工作,负责组织编制并实施全国管道发展规划,统筹协调全国管道发展规划与其他专项规划的衔接,协调跨省、自治区、直辖市管道保护的重大问题。国务院其他有关部门依照有关法律、行政法规的规定,在各自职责范围内负责管道保护的相关工作。这是我国第一部专门的关于管道的法律。

2017年,中共中央国务院印发《关于深化石油天然气体制改革的若干意见》明确提出,深化石油天然气体制改革的总体思路是:针对石油天然气体制存在的深层次矛盾和问题,深化油气勘查开采、进出口管理、管网运营、生产加工、产品定价体制改革和国有油气企业改革,并部署了八个方面的重点改革任务,明确提出要改革油气管网运营机制,提升集约输送和公平服务能力。分步推进国有大型油气企业干线管道独立,实现管输和销售分开。完善油气管网公平接入机制,油气干线管道、省内和省际管网均向第三方市场主体公平开放。

(四)运销分离阶段(2019年至今)

2019年12月9日,国资委网站发布《关于组建国家石油天然气管网集团有限公司的公告》(以下简称《公告》)。经国务院批准,新组建的国家石油天然气管网集团有限公司,由国务院国有资产监督管理委员会代表国务院履行出资人职责,列入国务院国有资产监督管理委员会履行出资人职责的企业名单。

三 我国管道管理体制现状

国家油气管网公司成立以前,我国大型骨干油气管道管理体制一直实行集中控制模式,主要由原来的石油工业部和目前三大石油公司建设和运营。

(一)行业管理体制

我国油气管道管理涉及的部门有10多个,但主要为6个,分别是国家能源委员会、国家发改委、国家能源局、国资委、应急管理部和交通运输部。

1. 国家能源委

2010年1月,国务院成立国家能源委员会。这是我国目前最高级别的能源管理机构,对大型油气管道建设具有建议与指导权。负责研究拟订国家能源发展战略,审议能源安全和能源发展中的重大问题,统筹协调国内能源开发和能源国际合作的重大事项。主任是李克强,副主任是韩正,各部委部长担任委员。

2. 国家发改委和国家能源局

当前我国石油天然气工业管理的主要政府机构,是发改委及其下属的能源局。能源局对包括大型油气管道在内的投资进行审批与核准,同时起草有关法律法规草案和规则,推进油气管道体制改革及拟订有关改革方案,组织油气管道重大设备研发,成套设备的引进消化创新,组织协调油气管道工程和推广应用新产品、新技术、新设备等。能源局下设石油天然气司监管油气管道,主要职责包括以下几个方面:拟订油气开发、炼油发展规划、计划和政策并组织实施,承担石油天然气体制改革有关工作,承担国家石油、天然气储备管理工作,监督管理商业石油、天然气储备。能源局下设市场监管司,具体职责为监管油气管网设施的公平开放。

3. 国资委

国资委的监管范围是中央所属企业(不含金融类企业)的国有资产。

中石油、中石化、中海油以及新成立的国家管网公司等大型国有石油公司，依法受到国资委的监督与管理。根据国资委监管职能，对油气管道监管应该包括如下方面：指导油气管道行业改革，对油气管道的保值增值进行监督，推进国有油气管道企业的现代企业制度建设，完善公司治理结构等。

4. 应急管理部

由于管道运输的石油和天然气属于危化品，根据应急管理部的“三定”方案，应急管理部负责危险化学品安全监督管理综合工作。管道的建设和运营都需要符合国家危化品的管理，接受应急管理部门的安全监管。

5. 交通运输部

管道是五种交通运输方式之一。根据交通运输部的主要职责，交通运输部负责推进综合交通运输体系建设，优化交通运输主要通道和重要枢纽节点布局，促进各种交通运输方式融合。

(二)企业运营管理

油气管网改革前，我国油气管道主要由中石油、中石化和中海油 3 家国有企业运营，其运营管理体制各不相同。

1. 中石油

中石油采用集中独立管理模式，即由集团对管道进行按区域独立管理，与上下游油气产业分离。中国石油天然气集团有限公司下属的中国石油天然气管道局经国务院批准组建，成立于 1973 年，是从事长输管道及其辅助设施、大中型储罐、电力、通信等工程勘察、设计、咨询、采办、施工及管理的跨国经营的具有化工石油工程总承包特级资质的管道工程建设专业化公司。中石油下属天然气与管道分公司负责管道的投资和运营，天然气和管道分公司下设有若干区域公司，现有区域性管道公司以管道分公司、西气东输管道分公司、西部管道分公司、西南管道分公司和北京天然气管道公司 5 个综合性运营公司为主，西南油气田公司为补充，也就是所谓“5 + 1”管道运营管理体系。以及北京调控中心，主要负责长输油气管道运行的统一调度指挥。中油国际管道有限公司前身为中亚管道公司，经 2017 年 7 月重组后，整合了中亚和东南亚等地区管道业务，全面负责中国石油天然气集团公司的国际管道业务。

2. 中石化

中石化采用区域管理模式，即集团不对管道实行独立管理，与上下游产业不分离，而是由各区域石化公司分散管理。

3. 中海油

中海油油气管道主要分布在沿海地区，由中海油气电工程有限公司建设运营，与上下游产业混合运营。

油气管网管改革后，成立国家油气管网公司。主要职责是负责全国油气干线管道、部分储气调峰设施的投资建设；负责干线管道互联互通及与社会管道联通，形成“全国一张网”；负责原油、成品油、天然气的管道输送，并统一负责全国油气干线管网运行调度，定期向社会公开剩余管输和储存能力，实现基础设施向所有符合条件的用户公平开放等。

(三)相关政策

2010 年 6 月 25 日，中华人民共和国第十一届全国人民代表大会常务委员会第十五次会议通过《中华人民共和国石油天然气管道保护法》，自 2010 年 10 月 1 日起施行。这是我国第一部管道方面的法律，明确了管道的范围，即境内输送石油、天然气的管道，不包括城镇燃气管道和炼油、化工等企业厂区内管道。明确了油气管道的管理职责，以及管道规划建设，运行中的保护、管道建设工程与其他建设工程相遇关系的处理。

2014 年，为促进油气管网设施公平开放，提高油气管网设施利用效率，保障油气安全稳定供应，规范油气管网设施开放相关市场行为，建立公平、公正、有序的市场秩序，国家能源局制定了《油气管网设施公平开放监管办法》，明确油气管网设施运营企业在油气管网设施有剩余能力的情况下，应向第三方市场主体平等开放管网设施，提供输道、储存、气化、液化和压缩等服务。

2016 年，为加强和完善天然气管道运输价格管理，规范定价成本监审行为，国家发改委制定了《天然气管道运输价格管理办法(试行)》和《天然气管道运输定价成本监审办法(试行)》。明确管道运输价格按“准许成本加合理收益”原则制定，即通过核定管道运输企业的准许成本，监管准许收益，考虑税收等因素确定年度准许总收入，核定管道运输价格。对新成立企业投资建设的管道，制定管道运输试行价格。

2017 年，中共中央、国务院印发《关于深化石油天然气体制改革的意见》，明确要求改革油气管网运营机制，提升集约输送和公平服务能力。分步推进国有大型油气企业干线管道独立，实现管输和销售分开。完善油气管网公平接入制，油气干线管道、省内和省际管网均向第三方公平开放。

2017年5月19日，国家发改委和国家能源局共同印发《中长期油气管网规划》明确，到2025年，中国油气管网规模将达到24万公里，其中原油管道、成品油管道、天然气管道分别为3.7万公里、4万公里和16.3万公里，年均增速分别为3.2%、6.7%和9.8%。

2019年3月，中央全面深化改革委员会召开第七次会议，审议通过了《石油天然气管网运营机制改革实施意见》，提出要推动石油天然气管网运营机制改革，要坚持深化市场化改革、扩大高水平开放，组建国有资本控股、投资主体多元化的石油天然气管网公司，推动形成上游油气资源多主体多渠道供应、中间统一管网高效集输、下游销售市场充分竞争的油气市场体系，提高油气资源配置效率，保障油气安全稳定供应。

2019年5月，国家发展改革委、国家能源局、住房和城乡建设部、市场监管总局四部门印发《油气管网设施公平开放监管办法》，明确要进一步细化公开开放的推动措施，进一步完善公开开放的监管要求，围绕信息公开，天然气能量计量等实践中影响公平开放的突出问题和关键因素，新设了部分条款内容。2014年，出台的《油气管网设施公平开放监管办法（试行）》同时废止。

第二节　国外管道管理体制情况

一　美国—独立监管、独立运营、公开准入

19世纪60年代，世界首条石油管道在美国宾夕法尼亚洲西北部坑口溪地区建成。至20世纪初，标准石油公司垄断了大多数石油管道。由于独立生产商无法获得该地区的管道使用权，当地石油生产商对标准石油公司

的控制多有抱怨，世界上第一个管道监管办法由此诞生。俄亥俄州和宾夕法尼亚州立法者在1872年陆续要求征用管道为公共运送设施。纽约州于1878年通过第一个《自由石油管道法案》。到1906年，已有超过20个州通过了关于管道、征用权以及公共运送的明确法案。但是，这些地区性法规对标准石油公司附属管道的独立石油运输方而言，没有太多影响。1906年，美国国会通过《赫本法案》，将石油管道和铁路纳入联邦监管中，由州际商务委员会（ICC）负责监管，但是天然气管道没有纳入监管范围。1911年标准石油公司拆分后，市场上迅速诞生了一些独立的石油管道公司，但这种独立性并没有持续太长时间。到20世纪30年代后期，大部分州际管道公司或倒闭，或重新成为一体化石油公司的一部分。司法部启动了一项针对石油管道一体化的反托拉斯调查，但在1941年草草结案，并未影响一体化趋势。直到1978年，美为成立联邦能源委员会（FERC）接替ICC，负责石油天然气行业监管。

美国国会1968年通过的第一项管道安全管理法案《天然气管道安全法案》和1979年通过的《危险液体管道法案》，确立了联邦机构在管道安全管理中的关键作用。法律授权美国运输部负责管道安全管理，制定管道安全的联邦规章，为油气管道设施的设计、安装、应急、试验、建设、运行、更换和维护等建立最低安全标准。运输部（DOT）通过管道与危险材料安全管理局（PHMSA）内的管道安全办公室（OPS）执行法规，该管理体制一直延续至今。

美国是全球油气管道里程最长的国家，其中20世纪60年代前投产管道占总量半数。针对管道设施逐渐老化，由材料设备腐蚀等因素引发的管道失效事件的频繁发生，美国政府部门对油气管道保护和安全监管做出了大量工作。1985年，联邦能源委员会436号令拉开了分离长输管道与上下游的序幕，并要求分离州际管道的经营和运输职能，为“合格的”的第三方输气。1992年的636号令进一步要求管道公司为天然气贸易商和用户提供运输和存储服务，并将自身的天然气运输和销售彻底分开，管道企业仅承担输送业务，本身不拥有管道中的天然气。上述两个法令，基本消除了长输管道的自然垄断地位，有力促进了一个泛北美大陆的竞争性天然气大市场的形成。

目前美国天然气管道管理体制基本架构，可以分为两个方面：一是由政府相关部门负责天然气管道的规划与政策制定，在横向分工方面，联邦政府共7个部门涉及油气管道保护和安全监管职责,彼此分工明确。危险材料安全管理局负责监管美国危险材料运输和管道运输的安全,减少危险品和管道运输事故造成的伤亡,管理全国范围内的天然气管道、石油和其他危险物品的运输管道安全,保护自然环境。能源部联邦监管委员会承担项目核准以及市场、价格监管等行业管理职责。其他如国安部、环保局等部门各司其职,形成了较为健全的责任体系。在纵向分工方面,联邦危险材料安全管理局负责跨州油气管道,共设立5个派出机构分区域实施监管。各州政府大部分设立对口的运输部门,负责州内油气管道监管。联邦与各州工作相对独立,在重大问题上联邦负有许可和认证等权力,并对各州给予指导。二是管道公司层面的管理体制。目前美国多数管道公司是独立的管道运输服务公司,归私人所有,管道公司不拥有管道中的天然气,需要得到许可证,才有资格参与天然气的运输,管道建设项目也必须提交联邦能源委员会或州政府进行审批。当然,目前也还有部分管道公司是综合能源公司的专业子公司,但一般经营独立,通过监管实施第三方准入(公开准入)。

二 俄罗斯——管道与上下游垄断运营

俄罗斯石油天然气管网的发展,不同于其他西方发达市场经济国家。由于受历史上计划经济体制的影响,一直以来石油天然气管网都是统一规划实施建设,并形成统一的管网。天然气管网由国家控股的俄罗斯天然气工业股份公司(Gazprom)垄断经营,具体业务由其下属的天然气运输股份有限公司运作。石油管网由国家控股的俄罗斯国家石油管道运输公司(Transneft)经营,这是俄罗斯国有垄断石油管道运输公司,也是全球首屈一指的输油管公司,负责运输俄罗斯90%以上原油及30%以上原油产品的运输。

如何保障独立天然气生产商进入统一供气管网,是俄天然气行业长期争论的焦点问题,也是俄天然气工业发展的一个制约因素。1995年,专门成立管道利用跨部门委员会,每季度对管道使用权进行分配,之后通过了多部文件规定,以保障独立生产商无差别获得管道输送配额的权利。2001年5月3日,通过了《关于保障非歧视性进入天然气管道运输系统的问题》规则。1999年3月12日通过的《天然气供给法》第27条规定:统一天然气管网所有者企业应根据俄罗斯联邦政府确定的方式,保障任一在俄罗斯境内从事相关业务的企业非歧视性使用天然气运输和配送管网富余能力。

因此,虽然 Gazprom 将继续垄断经营天然气管道,但也为独立天然气生产商提供输送能力。保证非歧视准入,已经成为未来俄管道管理的一个基本要求。

三 欧盟——向独立运营、公开准入过渡

尽管市场化是欧洲天然气发展的趋势,但英国、法国和德国等的产业组织结构和政府监管政策各不相同,且与各国的历史、政治传统紧密相关。法国的天然气运营和监管是集中式的,主要由法国燃气公司在监管机构直接监管下,经营资源生产、引进、运输和配送等各环节业务。德国天然气运营和监管具有突出的区域性特点,意昂集团(E. ON)、莱茵集团(RWE)、埃尼集团(Eui)等几个私有大公司分别控制不同的区域。英国天然气公司一度从事上下游一体化经营,但从 1997 年 2 月起,公司经过逐步重组,天然气管输与勘探开发、储气、国际下游等业务分离,结束了其一体化经营的历史。然而,很多上游跨国大石油公司,如英国石油公司、埃克森美孚、壳牌等通过持有管输公司的股权,也涉足下游业务,间接或直接影响管道公司的运营。

欧盟从 20 世纪 90 年代开始,推动油气行业的市场化改革,颁布了一系列相关指令,目标是希望形成以北美为榜样的竞争性天然气市场。到目前为止,除英国较为成功外,其他国家成效不大,主要原因一是各国油气行业发展水平不一,在欧盟层面推行难度很大;二是欧盟大部分国家都是天然气进口国,增加一体化油气公司或者独立管道公司的实力,从而加强进口天然气的控制力,始终是大部分国家的能源政策目标,因此,很难将管道公司的运输业务与其他业务剥离。

欧盟天然气行业监管体制相对成熟。在欧盟层面有监管机构欧盟委员会,职能包括制定欧盟的油气管道行业政策法规、战略规划,监督法令执行,并将有关情况向欧洲议会和欧盟理事会汇报;在国家层面,各成员国政府都设立了相对独立的监管机构,职能包括负责争议处理,建立适当和有效的监管、控制和透明机制,要求天然气管道全面实施第三方准入,并采取以具体项目为监管对象的许可证模式。

鉴于欧盟各国天然气市场发育程度不同,欧盟放弃了对天然气生产与运输及贸易业务最激进、最彻底的拆分方式—所有权拆分。同意 2009 年以前投

产的输气管道可以采用不同的管道管理体制,也就是说可以与天然气生产企业采取管理权、经营权和所有权分拆的任一种方式,并允许天然气生产企业拥有输气管道、储气设施的非控制性的少数股权,但强调2009年及以后投产的输气管道、储气设施必须适用所有权拆分,但申请到豁免权的除外。

四 经验借鉴及启示

(一)管网独立是大势所趋

从美国、欧洲、加拿大等国家和地区的经验来看,实现"网运分离、运销分离",打破垄断,实现了第三方公平接入,是大多数国家和地区油气管道体制改革目标。2017年5月,中共中央、国务院印发了《关于深化石油天然气体制改革的若干意见》,明确了深化石油天然气体制改革的指导思想、基本原则、总体思路和主要任务,提出要"改革油气管网运营机制,提升集约输送和公平服务能力。分步推进国有大型油气企业干线管道独立,实现管输和销售分开。完善油气管网公平接入机制,油气干线管道、省内和省际管网均向第三方市场主体公平开放"。2019年3月19日,中央全面深化改革委员会第七次会议审议通过《石油天然气管网运营机制改革实施意见》,明确提出推动石油天然气管网运营机制改革,要坚持深化市场化改革、扩大高水平开放,组建国有资本控股、投资主体多元化的石油天然气管网公司,推动形成上游油气资源多主体多渠道供应、中间统一管网高效集输、下游销售市场充分竞争的油气市场体系,提高油气资源配置效率,保障油气安全稳定供应。

(二)融入综合交通运输体系是大势所趋

政策上,在一系列规划政策中,都将管道作为一种交通运输方式考虑。在《交通强国建设纲要》中,明确提出了统筹铁路、公路、水运、民航、管道、邮政等基础设施规划建设。在《中长期油气管网规划》和《"十三五"现代综合交通运输体系发展规划》中,都明确管道是现代综合交通运输体系的重要组成部分。在《国家综合立体交通网规划纲要(2021—2050)》中,涵盖铁路、公路、水运、民航、管道等各种运输方式。需求上,随着铁路、公路、水运、民航以及管道运输的发展,各种运输方式独立发展的效率和边际效应越来越小,系统优化、综合衔接是未来各种运输方式发展的趋势。

参考文献

[1] 周荷芳. 铁路体制改革若干问题研究[D]. 成都:西南交通大学,2002.

[2] 左大杰. 基于统分结合的铁路网运分离经营管理体制研究[J]. 北京:综合运输,2016,38(3):24-35.

[3] 梁东. 中国路网铁路分类、分级研究[D]. 成都:西南交通大学,2005.

[4] 陈楠. 我国铁路网运分离式管理体制改革研究[D]. 长沙:中南大学,2007.

[5] 周耀东. 构建我国铁路运营组织监管的新体制[J]. 太原:生产力研究,2007,10:94-97.

[6] 中国公路学会. 中国公路史(第三册)[M]. 北京人民交通出版社,2017:147-148.

[7]《交通部行政史》编委会. 交通部行政史[M]. 北京:人民交通出版社. 2008:109-110,188-195,850-852.

[8] 全国人民代表大会常务委员会. 中华人民共和国公路法(2017 年最新修订)[M]. 北京:中国法制出版社,2017. 1-28.

[9] 李刚. 我国道路交通管理体制改革问题研究[D]. 西安:长安大学,2001:23-29.

[10] 陈斌. 公路工程建设生态研究[D]. 合肥:合肥工业大学,2008.

[11] 土先进,杨雪英. 国外交通行政管理体制[M]. 北京:人民交通出版社,2008.

[12] 杨建平,韩红云,翁燕珍. 美国联邦公路的投资政策和预算管理[J]. 中国财政,2019,63(21):77-79.

[13] 徐智鹏. 中外公路管理体制比较研究[D]. 西安:长安大学,2003.

[14] 樊东方. 日本交通运输管理体制概况[J]. 综合运输,2008,29(11):77-82.

[15] 周紫君. 英国交通运输发展的新动态及新趋势[J]. 工程研究——跨学科视野中的工程,2017,9(2):139-147.

[16] 杨雪英. 美国交通行政管理体制的历史沿革与政府治理经验启示[J]. 工程研究,2013,12:382-394.

[17] 樊东方,石静远. 日本交通运输管理体制的特征及其借鉴[J]. 工程研究,2013,05:443-452.

[18] 靳学法. 德国内河水上交通安全监督管理职能特点及其借鉴[J]. 交通科技,2015,06:117-118.

[19] 李聪,王显光,孙小年. 德国交通管理体制变迁及特点[J]. 工程研究,2013,12:395-406.

[20] 张静丽,大部制下交通运输行政管理体制改革研究[D]. 大连海事大学,2015.

[21] 金钰,美国航运政策及其立法研究[D]. 大连海事大学,2000.

[22] 中国工程院. 我国综合运输管理体制问题研究[R]. 北京:中国工程院,2011/2012.

[23] 黄民,张建平. 国外交通运输发展战略及启示[M]. 北京:中国经济出版社,2007.

[24] 张通. 关于推进我国行政管理体制改革的思考[J]. 行政管理体制改革,2012(2):31.

[25] 谢明. 公共政策导论[M]. 北京:中国人民大学出版社,2004.

[26] 国务院. 国务院批转中国民用航空局关于民航系统管理体制改革的报告的通知(国发〔1985〕3 号)[Z]. 北京:国务院,1985.

[27] 国务院. 关于省(自治区、直辖市)民航机场管理体制和行政管理体制改革实施方案的批复(国函〔2003〕97 号)[Z]. 北京:国务院,2003.

[28] 秦绪林. 国外空管历程看我国的空管体制改革[J]. 空管,2008(10):68-71.

[29] 周焕德,中国邮政体制改革十周年[J],邮电经济,2016(004):19-23.

[30] 魏际刚. 新时期要继续深化邮政体制改革[J],中国物流与采购,2016(020):58-58.

[31] 关于德国、西班牙、意大利邮政体制改革及标准化考察报告[J],世界标准信息,2008(005)39-41.

[32] 扈长松. 加拿大邮政安全体制研究[J],邮政研究,2017(003):43-46.

[33] 兰翔英、张艳、郝亚杰. 国外邮政可持续发展给我国的启示[J],内蒙古

科技与经济,2018(024):7-12.

[34] 钟茂初. 建议混改邮政集团打破垄断[J],上海集体经济,2019(002):41-42.

[35] 赵学明,王轶君,徐博,等. 国外天然气管道管理体制演进及对我国的启示[J]. 能源体制改革,2014(5):15-22.

[36] 汪红,姜学峰,等. 欧美天然气管理体制与运营模式及其对我国的启示[J]. 政策研究,2011(6):25-30.

[37] 田瑛,单蕾,孙春泉,等. 国外天然气管道建设历程及对我国的启示[J]. 石油规划设计,2011(9):1-6.

[38] 田瑛,等. 我国油气管道建设历程及发展趋势[J]. 石油规划设计,2011(7):4-8.

[39] 甄俊华. 中国管道从这里走来[N]. 中国石油报,2005-8-4(005).